이 땅에 사는 모든 부모님과 선생님들에게
이 책을 바칩니다.

진로의 공식

초판 1쇄 발행 2024년 8월 17일

지은이 홍진우
펴낸이 김봉윤
펴낸곳 씨이오메이커(ceomaker)
출판등록 제2013-23호

편집장 민보윤
편집디자인 박예은
교정·교열 김봉수

주소 서울특별시 관악구 국회단지 20길 16, 101호
전화 02-877-7814
팩스 02-877-7815
이메일 ceomaker79@gmail.com
홈페이지 www.ceobooks.kr

ISBN 979-11-91157-13-0(03320)
값 18,000원

잘못된 책은 구입하신 곳에서 바꾸어 드립니다.
이 책에 실린 모든 내용, 디자인, 이미지, 편집 구성의 저작권은 도서출판 씨이오메이커와 저자에 있습니다. 허락 없이 복제하거나 다른 매체에 옮겨 실을 수 없습니다.

Cover image from pikisuperstar, Freepik.com

THE FORMULA FOR CAREER SUCCESS

취업·이직·창업을 위한 단 하나의 진로 수업

진로의 공식

홍진우 지음

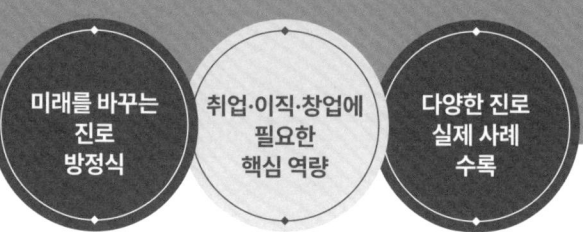

미래를 바꾸는 진로 방정식

취업·이직·창업에 필요한 핵심 역량

다양한 진로 실제 사례 수록

CEOMAKER
씨이오메이커

추천사

저자와 알고 지낸 지도 10년이 훌쩍 넘었습니다. 저자는 우리 교회에서 몇 년째 대학생 청년들에게 장학금을 지급하는 부서장으로 활동하고 있습니다. 장학금을 지원받는 학생들을 위해 자기소개서 작성하는 방법을 안내하고, 면접 시 그 내용에 대해 피드백을 해주는 것으로도 유명합니다. 그만큼 저자는 이 시대를 사는 청년들에게 관심이 많습니다.

저자는 여기서 멈추지 않고 이 일을 하면서 알게 된 청년들에게 어떻게 하면 취업과 이직을 성공적으로 할 수 있는지 시간을 내어 가르쳐주며 자주 함께 합니다. 놀라운 것은 그 청년들의 생각이 바뀌고, 자신이 잘하는 것을 발견하며, 그것을 실행해 나가는 능력이 몰라보게 좋아진다는 것입니다. 때가 되면 취업하기도 하고 이직도 성공적으로 했습니다. 모두 저자 덕분이라는 이야기를 많이 합니다. 실제적이고 적용할 수 있는 지도를 했기에 가능한 이야기입니다.

저자는 지금의 청년들에게 꿈이 없어도 괜찮다고 이야기합니다. 사람들은 꿈이 없는 것을 두려워합니다. 꿈이 없으면 다른 사람을 따라 만들어내려고 애를 쓰기도 하지요. 이것도 귀한 일이지만, 저자는 대부분의 사람은 꿈이 없이 살아가고 있으며, 그래도 괜찮은 이유를 실례를 들어 자세히 이야기해줍니다. 청년들을 아끼는 마음이 느껴집니다.

고난이라는 인생 학교를 지나온 저자이기에 아무것도 가진 것이 없다고 낙담하는 청년들에게 자신 있게 나갈 수 있는 용기를 제시할 수 있습니다. 또한 '이미 가진 것이 많은 부류의' 사람들을 보며 마치 나는 가진 것이 없어서 안 되는 것이고 다른 사람은 가진 것이 많아서 나보다 더 잘되고 있다는 선입관을 버리게 도와줍니다. 고난이라는 어려움이 지금 앞에 있더라도 그것이 지금 우리 청년들이 할 수 있는 것을 막는 장애는 되지 않는다고 따뜻하게 격려해줍니다. 저자 자신이 그런 과정을 겪었기에 할 수 있는 이야기입니다.

저자가 이렇게 진로 지도와 관련된 책을 자신 있게 쓸 수 있는 것은 자신이 직접 경험한 청년들의 사례가 많기 때문입니다. 이 책은 "케이스 스터디 책"이라고 말하고 싶습니다. 실명을 밝히지 않고 있지만 실제로 지도한 청년들의 이야기를 담았습니다. 저자가 경험 없이 이론만 기술하고 있지 않다는 이야기입니다. 사례만으로도 한 권의 책이 될 것 같은 많은 내용이 들어 있습니다. 이렇게 이론과 실제가 함께하는 책은 쉽게 찾을 수 없습니다.

또한 저자는 단순히 좋은 직장을 얻을 수 있는 방법에서 멈추지 않고 사람과의 관계를 현명하게 할 수 있는 방법까지 제시합니다. 저는 오랫동안 목사로 지내오면서 누구보다 사람과의 관계를 중요시하며 살고 있습니다. 사람사이에서의 '관계'라는 것은 많은 시간을 보내는 직장에서 더욱 중요하다는 것은 어쩌면 당연합니다. 직장을 얻고 창업하기 위한 사례에서 멈추지 않고 그 일을 올곧게 할 수 있는 관계의 능력을 알려주기까지 그 영역을 넓혔습니다.

가장 확실한 사례는 저자 자신일 것입니다. 저자는 직장 생활을 하고 상무 이사로 퇴직했습니다. 급여 생활자로서 결코 쉽지 않은 성과입니다. 퇴직 후에 다른 소망 없이 살 수도 있습니다. 충분히 일했다고 생각할 수 있습니다. 하지만 저자는 새로운 일을 개척하고 지금은 직장인일 때와는 다르게 비영리 사단법인을 만들어 사회에 공헌하고 있습니다.

저는 이 땅의 많은 청년들이 이 책을 읽기를 기도합니다. 이론만이 아닌 실제로 살아낸 이야기를 담은 책이기에 많은 사람에게 새로운 길을 제시하며, 많은 청년을 살리는 실제적인 책이 될 것입니다.

서울광염교회
담임목사 **조현삼**

추천사

 젊은 시절, 저 역시 앞으로 무엇을 하고 살 것인가에 대해 무척 많이 고민했습니다. 마치 길도 없는 허허벌판에 방향을 몰라 혼자 서 있는 느낌이었습니다. 대학 3학년을 지나 겨울방학을 맞이하면서, 더 늦기 전에 졸업 후의 방향을 구체적으로 정해야 한다는 압박감이 들었습니다.

 전공이 경영학이어서 먼 장래에 내 회사를 경영해야겠다는 막연한 생각은 했지만, 지금 당장 무엇을 해야 장래를 위해 가장 유익하고 효과적일지 도무지 감이 잡히지 않았습니다. 고민 끝에 회계사 공부를 시작하게 되었습니다. 회계학 교수님께서 수업 중에 회계사 시험에 합격한다고 반드시 회계사가 될 필요는 없으며, 자격증을 가지고 있으면 그만큼 인생에 도움이 될 것이라는 충고를 따르기로 한 것이었습니다.

 막상 공부를 시작해보니, 이제껏 학점 따려고 했던 공부와는 차원이 다른 공부라는 것을 깨닫고, 과연 이런 노력을 기울여 합격을 보장할 수 없는 이 길을 가는 것이 맞는지 더 깊이 고민하게 되었습니다. 그러나 일단 시작하고 한 달 두 달 시간이 지나가면서, 이제는 물러설 수 없다는 오기와 나 자신을 증명하고 싶은 자존심이 발동하여 결국 끝까지 하게 되었습니다. 돌이켜보면 교수님의 충고를 떠올리고 회계학 책을 펼친 것이 내 인생의 큰 방향을 결정하는 중요한 계기가 되었습니다. 또한 '무엇이든 시작하는 것'이 고민만 하는 것보다 현명한 선택이라는 나름의 삶의 원칙을 세우게 되었습니다.

우리는 자꾸 인생의 문제에 대한 답을 찾으면서, 반드시 정답을 찾아야 한다는 강박을 느끼는 것 같습니다. 그러나 지금에 와서 보니 그것은 가능하지 않은 쓸데없는 생각이었습니다. 인생의 문제에 당면해서 무엇이 정답인지 판단할 수 있는 기준은 사실 없습니다. 삶의 길은 끊임없이 선택에서 선택으로 이어집니다. 로버트 프로스트의 '가지 않은 길'이라는 시에서 표현한 것처럼, 갈림길에서 어떤 길을 선택하느냐에 따라 모든 것이 달라집니다. 그것이 삶의 본질이라는 것을 인식한다면, 선택의 결과를 확신하지 못해 망설이고 고민하기보다는 일단 선택하고 앞으로 나아가는 것이 시간을 절약하는 지혜이고, 인생을 역동적이고 자주적으로 살게 하는 기초가 아닐까 싶습니다.

이 책의 저자는 학창 시절부터 함께 지내온 친구입니다. 늘 유쾌한 입담에, 어떤 일이든 선후를 잘 정리하여 문제의 핵심을 꿰뚫는 안목을 가지고 있어 일이 있을 때마다 조언을 구하는 상담자였습니다. 저자가 퇴직 후 사회에 기여하는 일을 해야겠다고 하면서, 퇴직자들의 은퇴 이후의 삶을 돕고 설계하는 비영리 법인을 세웠습니다. 그리고 사회진출을 위해 고민하는 젊은 세대를 위한 진로 컨설팅과 책 쓰기에 여념이 없는 모습을 보면서 친구로서 부럽고 존경하는 마음을 갖지 않을 수 없었습니다.

저자는 이 책을 통해 진로 고민에 대한 정답이 아니라, 저자 자신의 경험을 통해 얻은 현실적이고 실천적인 방법을 알려줌으로써 독자들이 스스로 진로를 찾아갈 수 있도록 이끌어주고 있습니다. 나의 젊은 시절, 진로 때문에 고민하던 그때, 저자와 같은 사람이 곁에 있었거나, 아니면 이 책과 같은 지침서를 접할 수 있었다면 얼마나 큰 도움이 되었을까 생각합니다.

2008년의 금융위기를 예견하였다고 하여 유명해진 나심 탈레브라는 사람이 쓴 『블랙 스완』이라는 책이 있습니다. 그 책에서 한 가지 인상 깊은 내용은 은행원과 택시 운전사 중 누가 더 '강한가'에 대한 글이었습니다.

   은행원은 늘 깔끔한 사무실에서 양복을 입고 근무하며, 정시에 출퇴근하고 꽤 높은 연봉을 받습니다. 그러나 택시 운전사는 끊임없이 시내를 돌아다니며 승객을 찾아야 하고, 수입은 일정하지 않으며, 사고의 위험도 있어 늘 주의해야 합니다. 과연 "이 두 사람 중 누가 더 강한가?"라는 질문을 탈레브는 던집니다. 돌연 여건이 나쁘게 변하여 은행원이 퇴직하게 된다면 그는 당장 실업자가 될 것입니다. 반면 택시 운전사에게는 나쁜 여건을 만나는 것이 익숙한 현실이기 때문에 전보다 조금 덜 쓰거나 조금 더 일하면 되는 것입니다. 예상하지 못한 변동성에 대응할 수 있는 능력이 바로 나심 탈레브가 말하는 '강함'입니다.

   삶은 예상할 수 없는 변동성으로 가득 차 있습니다. 이 책을 읽는 독자들은 이 책에서 주는 통찰을 기초로 삼아 진로를 선택하고 성장해 감으로써, 자신만의 삶을 찾고 더 '강한' 사람이 되기를 기대합니다.

주식회사 에스엘이노베이션
대표 **이병락**

추천사

2030 젊은이들을 위한 현실적인 나침반

저는 대학 저학년 시절, 교회 세미나를 통해 저자를 처음 만났습니다. 당시 대학원생이셨던 선배는 모든 내용을 간략하게, 가능하면 표로 정리하라는 조언으로 저에게 깊은 인상을 남겼습니다. 세미나 내용을 효과적으로 이해하고 기억하기 위한 선배의 체계적인 사고방식과 핵심을 파악하려는 노력은 저에게 큰 영향을 미쳤습니다.

최근 몇 차례의 만남을 통해 저는 선배의 청년들을 돕는 헌신적인 활동에 감명받았습니다. 선배는 청년들의 진로 고민에 귀 기울이고, 현실적인 조언을 제공하며, 끊임없이 성장할 수 있도록 격려합니다. 그리고 분명한 성공 사례를 만들어 냈습니다. 또한, 제가 추천한 좋은 책들을 빠르게 읽고 시사점을 얻어내며 학습하는 모습은 저에게 귀감이 되었습니다. 선배는 항상 배우려는 자세를 유지하며 끊임없이 발전하려고 노력합니다.

이 책은 자기 일에 마음을 다하는 동시에 다음 세대를 위해 헌신하려는 선배의 자세가 녹아 있습니다. 맹목적인 열심보다는 과학적인 연구 결과를 바탕으로 문제에 합리적으로 접근하고, 차분하고 체계적인 실행으로 결과를 만들어 내는 선배의 면모를 엿볼 수 있습니다. 이는 2030 젊은이들이 자신의 꿈과 목표를 향해 나아가는 데 중요한 지침이 될 것입니다.

이 책은 2030 젊은이들이 직면하는 현실적인 고민을 다루고 해결 방안을 제시합니다. 단순히 이상적인 목표를 제시하기보다는, 현실적인 상황 속에서 꿈을 실현하고 목표를 달성하기 위한 구체적인 조언을 제공합니다. 이는 젊은이들이 현실의 벽에 부딪히지 않고 자신만의 길을 개척하는 데 도움이 될 것입니다.

또한, 이 책은 단순한 자기계발서가 아닌, 실생활에 적용할 수 있는 실용적인 도구입니다. 꿈과 목표를 설정하고, 계획을 세우고, 실행하는 과정에 필요한 다양한 팁과 노하우를 제공합니다. 이는 젊은이들이 자신의 잠재력을 발휘하고 성공적인 삶을 살아가는 데 필요한 토대를 마련해 줄 것입니다.

추천 대상
(1) 진로 고민에 빠진 2030 젊은이들
(2) 젊은 세대를 돕고 싶은 부모, 선생님, 멘토
(3) 현실적인 진로 조언을 찾는 모든 사람
(4) 자신의 삶을 돌아보고 성장하고 싶은 사람

이 책을 통해 2030 젊은이들이 미래를 설계하는 데 현실적인 조언을 얻고, 자신의 삶을 돌아보며 성장할 수 있는 시간을 갖게 되기를 바랍니다. 또한, 진정으로 도움을 원하는 분들은 저자에게 직접 연락해 보시는 것도 좋지 않을까 합니다. 항상 바쁘더라도 마음과 시간의 여유를 보여주시는 선배의 따뜻한 조언과 격려가 큰 도움이 될 것입니다.

주식회사 비에스씨
대표 **권 민 철**

프롤로그

저를 소개합니다

시중에는 진로에 관한 변변한 책이 부족한 것이 현실입니다. 저는 늘 실용적이면서도 구체적인 내용을 담은 진로 관련 책이 있으면 좋겠다고 생각해왔습니다. 저 역시 취업, 창업, 진로에 관한 3권의 책을 출판한 경험이 있어서, 이번에는 제가 한 번 도전해보고 싶었습니다.

저는 인생에서 "무슨 일을 하느냐?"가 가장 중요하다고 생각합니다. 직업을 통해 얻는 소득으로 우리는 먹고 사는 문제를 해결하기 때문입니다. 즉, 진로는 생존의 문제를 다루며, 삶을 지탱하는 근간이 됩니다.

진로와 직업 선택은 인생에서 가장 중요한 의사결정이라고 해도 과언이 아닙니다. 이 책은 진로에 관한 이론, 실천과 적용, 그리고 우리가 준비해야 할 일 등을 다루고 있습니다. 진로 교과서와 같은 책이 될 것입니다.

이 책은 다른 서적과 차별화된 장점을 가지고 있습니다.

시중에 나와 있는 책은 목표가 명확한 분들에게는 유익하지만, 꿈을 아직 정하지 않았거나, 자신이 무엇을 좋아하는지 깨닫지 못한 사람들에게는 별로 도움이 되지 않습니다. 제가 만난 많은 친구들이 자신이 하고 싶은 일을 발견하지 못한 경우가 많았습니다. 심지어 첫 취업 이후에서야 자신이 정말 하고 싶은 일이 무엇인지 발견하게 되는 경우도 보았습니다. 이 책은 그런 친구들을 배려하여 도움이 되도록 작성되었습니다.

부업 또는 자기 사업을 하려는 분들을 위해 사업계획서 작성 방법을 조언하였습니다. 1인 창업, 기술 창업, 소상공인 창업 등 다양한 형태로 정부가 상당한 자금을 지원하고 있습니다. 사업계획서만 잘 쓰면 누구나 부업이나 자기 사업을 쉽게 시도해 볼 수 있습니다. 진로에 관한 책 중에서 이런 내용까지 담고 있는 책은 없습니다.

요즘 젊은 친구들은 자주 회사를 옮깁니다. 이직에 성공하려면 경력 기술서를 잘 써야 합니다. 어떻게 써야 하는지에 대한 질문을 많이 받았습니다. 이 책에서는 두 가지 작성 방법을 제시하였습니다. 실제 사례를 첨부했으니 참고하면 이직에 성공할 것입니다.

자기소개서 쓰는 훈련을 평소에 하라고 조언해 보았습니다. 이를 위해 실제 사례도 제시하여 구체적인 내용과 방법을 설명하였습니다. 저는 이 방법이 독서와 글쓰기 훈련이 안 된 2030 세대에게 가장 현실적인 방법이라고 생각합니다.

마지막으로 직장 생활하면서 젊은 청년들에게 가장 많이 받은 질문 중 세 가지를 선택하여 해결 방안을 개괄적으로 제시하였습니다. 인간관계, 억울한 일, 돈 관리에 관한 주제입니다.

이 책이 2030 세대에게 실질적인 도움이 되기를 바랍니다.
먼저, 저의 이야기를 하려고 합니다. 저 역시 과거에 지금의 젊은 청년들과 비슷한 경험을 많이 했습니다. 특히 진로 고민만큼은 남들 못지않게 치열하게 했습니다.

저는 '대우증권'(현재 미래에셋에 합병됨)이라는 증권회사에서 27년 동안 근무하며 사원으로 입사하여 임원으로 퇴직했습니다. 그때가 55세였습니다. 퇴직 후 상장회사 감사로 8년 동안 활동했고, 대학에서 창업마케팅 과목을 8년간 강의했습니다. 겨울방학을 활용해 창업 멘토링을 5년간 했으며, 판교 스타트업 캠퍼스에서도 리드 멘토로 3년간 일했습니다. 이때 저는 여러 가지 일을 하는 N잡러를 경험했습니다.

또한, 2018년에는 중소벤처부 소속 사단법인 '시니어공유경제연구원'을 설립해 청년과 스타트업을 돕는 사회봉사를 지금까지 하고 있습니다. 늦은 나이에 자기 사업인 '창업'을 시도한 것입니다. 저서로는 취업 관련 책인 『취업 잘하는 종족』, 진로에 관한 책인 『커리어 브랜딩』, 창업 강의 경험을 바탕으로 한 『2030 창업 길라잡이』가 있습니다.

저도 여러분처럼 전문가로서의 삶, 투잡러로서 다양한 부업, 사단법인을 통한 창업 등 여러 방향의 진로를 탐색해 보았습니다. 지금까지 얻은 경험과 지식을 바탕으로, 이번에 2030 청년을 위해 총정리한다는 차원에서 이 책을 출판하게 되었습니다.

특히 대학의 직업 상담센터에서 일하는 선생님들에게 학생들을 위한 진로 길잡이 책으로 활용되기를 바랍니다. 또한 부모님들도 자녀의 진로 상담용으로 이 책을 활용해 보시면 좋겠습니다. 대개 진로나 취업의 갈등 원인이 부모인 경우가 많기 때문입니다.

이 책은 크게 5부로 구성되어 있습니다. 각각 봄, 여름, 가을, 겨울 등 사계절을 활용해 각 부의 전체 내용을 개괄했으며, 마지막 5부는 인생 사계절에서 만날 수 있는 문제를 정리했습니다.

1부는 제가 10대 때 품었던 질문들을 현재 시점으로 돌아보며 기억을 더듬어 정리했습니다. 진로 인생 방정식에 관한 이야기입니다. 그 시절 던졌던 질문은 세 가지로, 이는 나중에 저의 인생에 큰 골격이 되었습니다.

(1) 꿈이 없는 자의 삶에 관한 내용입니다. 특히, 꿈이 없이 하루하루를 살아내려는 청년들에게 들려주고 싶은 저의 이야기입니다.

(2) 태어날 때부터 세상은 불공평하다는 논의가 많습니다. 저는 척박한 환경에서 태어났습니다. 그러나 그것이 오히려 성공의 발판이 될 수 있다는 아이러니한 사실을 입증하고자 합니다. 이는 '회복탄력성'에 대한 이야기입니다. 나쁜 가정환경에서 태어난 친구라도 약 30%는 그 환경에 함몰되지 않고, 더 큰 성취를 이룬다는 심리학적 발견입니다.

요즈음 젊은이들은 척박한 환경에서 태어난 사람들이 아닙니다. 그들이 지향하는 인간상은 '육각형 인간'입니다. 모든 것이 완벽한 사람을 말합니다. 외모, 학벌, 집안, 직업, 성격, 특기까지 완성된 사람입니다. 중요한 것은, 태어난 환경이 좋은 사람도 척박한 환경에서 태어난 사람들과 똑같이 열심히 노력한다는 것입니다.

(3) 현실을 극복하려는 몸부림이 인생에서 얼마나 중요한지 전달하고자 노력했습니다. 과거를 후회하지 말고, 모르는 미래를 걱정하지 말고, 오직 현재에 최선을 다해야 합니다. 그러면 진로의 문이 열립니다. 여러분은 "과연 그것이 사실일까?" 하는 의문이 들겠지만, 시간이 지나면 자연스럽게 알게 됩니다. 나중에야 인생의 퍼즐이 맞춰집니다. 현재에는 그 사실을 모릅니다. 그래서 우리는 주어진 일을 열심히 해야 합니다.

2부는 진로 이론에 관한 부분으로 직업 선택과 진로 설계에 관한 내용을 담고 있습니다. 다양한 진로에 관한 의견을 정리하고, 실제로 제가 만났던 젊은 청년들의 진로 이야기를 사례로 삽입했습니다.

3부는 취업, 이직, 자기 사업에 관한 내용을 다루었습니다. 주제를 하나씩 따라가다 보면 각 상황에 대한 해결책을 만날 수 있습니다. 취업할 때 작성하는 자기소개서에 꼭 필요한 기본기가 역량이라는 개념입니다. 이 역량을 개발해 자기 것으로 삼으면, 회사에 잘 적응할 수 있습니다. 자기소개서 쓰는 5단계 프로세스와 이직에 필요한 경력 기술서 작성 방법을 소개했습니다.

제가 가르쳤던 제자 중에 대학 때부터 스타트업 창업에 관심을 가진 학생이 있었습니다. 그는 교내 창업동아리 활동에 적극적으로 참여하고, 일본과 중국에서 열린 글로벌 창업경진대회에도 참가하는 등 창업에 큰 관심이 있었습니다. 저에게 창업 과목과 사업계획서 쓰기 등을 배워 '건강 의료용 아이템'으로 교내 창업경진대회에서 수상하기도 했습니다. 결국, 졸업과 함께 방위산업체에 특채되어 취업에 성공했습니다.

저는 진로 교육 프로그램에 반드시 부업 및 창업 교육도 함께 배워야 한다고 생각합니다. 이런 차원에서 부업과 창업에 관한 기초지식을 담았습니다.

4부는 자신의 진로를 위해 현재 준비해야 할 일에 관해 설명했습니다. 우선 직업을 찾는 노력을 경험해 보라고 조언했습니다. 두 번째는 자기가 관심 있는 곳에 찾아가 직접 경험을 쌓아보라고 충고했습니다.

한편, 취업과 자기 사업의 기초가 되는 독서와 글쓰기 훈련에 관해서도 설명했습니다. 다. 특히 자기소개서 쓰기는 취업할 때 꼭 필요한 일이므로 예시를 통해 구체적인 방법을 배워 보길 바랍니다. 자기 스스로 목표와 계획을 세우고 실천해 보는 훈련도 함께 소개했습니다. 이를 '자기 결정력 훈련'이라고 부릅니다.

5부는 인생의 봄, 여름, 가을, 겨울 등 사계절에 나타나는 다양한 문제들을 다룹니다. 인간관계와 억울한 일에 관한 이야기입니다. 살다 보면 만나는 문제들입니다. 추가로 재정 관리에 관해서도 실무적으로 설명했습니다. 진로만큼 재정 관리도 중요합니다. 저의 경험과 부자들의 돈 관리 지혜도 함께 담았습니다.

이 책을 읽기 어려워하는 사람들을 위해 각 장의 끝부분에 내용 요약과 이해 문제를 넣었습니다. 우선 이것을 먼저 읽고 문제의 해답을 찾아보면 의외로 쉽게 이해할 수 있을 것입니다. 또한 이 요약과 이해 문제를 가지고 부모님은 자녀와, 선생님은 학생들과 상담하면, 진로 탐색이 쉬워질 수 있고, 상호 논점이 벗어나는 일도 사라질 것입니다.

이 책이 여러분의 취업과 이직 등 진로 결정에 도움이 되었다면, 뒤늦게 봉사의 삶을 살고 있는 저에게는 큰 영광이고 기쁨이 될 것입니다.

새로운 인생을 기대하며, 저의 집 골방에서
저자 **홍진우**

목차

추천사 4
프롤로그 **저를 소개합니다** 12

◆ 1부 ◆
인생 진로 방정식

01 "소년이여 야망을 품어라!" 그 말은 진실일까?   26
    (1) 혁신이론의 대가인 크리스텐슨의 주장   27
    (2) 창업 세계에서 일어나는 뜻밖의 일   30
    요약과 이해문제   33

02 척박한 가정환경으로 고생한 것이
오히려 성공의 발판이 된다고?   36
    (1) 회복탄력성   37
    (2) 맹자의 고자장 이야기   39
    (3) 척박하지 않은 환경에서 태어난 육각형 인간   41
    요약과 이해문제   43

03 현실을 극복하려는 몸부림이 과연 먼 미래에 도움이 될까?   46
    (1) 벼락치기 공부   47
    (2) 어린 시절 독서   51
    요약과 이해문제   54

◆ 2부 ◆
진로 이론 : 직업 선택과 진로 설계

04 직업에 관한 다양한 의견을 참고하여 직업을 선택하라　62
   (1) 직업의 세 가지 필요충분조건　63
   (2) 현실적인 좋은 직업 : 돈 이외의 다른 조건도 고려　66
   (3) 직업 선택 방법 : 세 가지 접근 방식　69
   요약과 이해문제　72

05 선배들의 다양한 모델을 참고하여 진로를 설계하라　75
   (1) 전문가로 진로 설정한 사례　78
   (2) 해외 취업 모델　88
   (3) 투잡러 : 부업 하는 청년　90
   (4) 자기 사업을 시도하는 청년들　95
   요약과 이해문제　104

◆ 3부 ◆
진로의 실천과 적용 : 취업, 이직, 창업

06 자기소개서의 기초는 핵심 역량과 자기 경험이다　110
   (1) 취업에 필요한 핵심 역량　111
   (2) 5단계 취업 프로세스의 이해　115
      ① 1단계 : 자신만의 차별화된 경험 찾기
      ② 2단계 : 회사가 요구하는 핵심 역량 파악하기
      ③ 3단계 : 경험-역량을 연결하여 자기소개서 쓰기
      ④ 4단계 : 멘토링
      ⑤ 5단계 : 마무리
   (3) 면접할 때 주의사항　132
   요약과 이해문제　136

참고 **이직자를 위한 경력 기술서 작성 방법** 139

07 창업 교육도 진로 교육에 필수과목이 되었다   144
    (1) 부업과 창업의 기초는 사업계획서 작성 능력 146
      ① 사업계획서의 기초는 비즈니스모델 분석
      ② PSST 방식으로 사업계획서 쓰기
    (2) 사업계획서 쓸 때 주의사항 154
    요약과 이해문제 158

◆ 4부 ◆

현재 준비해야 할 일

08 평소에 진로 준비 활동을 경험하라   164
    (1) 적성과 능력에 맞는 직업 찾아보기 166
    (2) 흥미와 관심 끄는 일 경험하기 170
    요약과 이해문제 174

09 진로에 필요한 기초 훈련을 시도하라   177
    (1) 자기소개서 쓰기 훈련하기 178
    (2) 스스로 목표와 계획을 세우고 실천하기 : 자기 결정력 훈련 183
    요약과 이해문제 187

◆ 5부 ◆
인생에서 만나는 문제 : 외로움, 억울한 일, 재정관리

10 외로움은 결국 '일'과 '관계'가 원인이다   194

    (1) 외로움의 의미 : 고립(외톨이)과 독립 사이에 존재   196
    (2) 관계 진단 도구 : 관계 5단계 순환 사이클의 이해   200
    (3) 관계 치료 방법   206
    요약과 이해문제   218

11 억울한 일은 받아들여야 미래의 문이 열린다   220

    (1) '왜'라는 질문보다 '받아들임'이 정답   221
    (2) 심리학자의 조언 : 받아들이는 훈련   224
    (3) 다른 대안 : 용서와 화해라는 기독교적 관점   227
    요약과 이해문제   232

12 진로만큼 재정 관리도 중요하다   235

    (1) 비용 관리를 위한 기초 : 월 고정비 파악과 대책   237
    (2) 자산 늘리기의 출발 : 저축과 투자 등으로 종잣돈 만들기   239
    (3) 노후 대비한 포트폴리오 만들기 : 현금흐름이 중요변수   244
    (4) 부채의 양면성 : 빚의 역습과 활용   247
    요약과 이해문제   252

에필로그 **내가 만난 인생 멘토**   255
공지 사항   260

THE FORMULA FOR CAREER SUCCESS

1부

인생 진로 방정식

진로의 양식

저의 집 뒷산이 수락산입니다. 매일 이 산의 둘레길을 40~50분 정도 산책하는 것이 저의 아침 루틴입니다. 그 과정에서 자연스럽게 산의 계절 변화를 관찰하게 됩니다. 봄이면 앙상한 가지에서 움이 트고, 새순이 돋고, 드디어 잎이 푸르러집니다. 이것을 보고 있노라면, 믿어지지 않는 상황을 맞닥뜨리게 됩니다. 절대로 움트지 않을 것으로 보였던 가지에 어김없이 생명이 찾아옵니다.

저에게 봄은 무에서 유로 바뀌는 마법 같은 모멘트를 느끼게 합니다. 추운 겨울이 지나 봄기운이 완연해지면 겨울은 힘없이 무너집니다. 극적인 전환이 봄이라는 계절에 있습니다. 숲의 모습 전과 후가 너무 다릅니다. 황량에서 푸르름으로 급격한 변화가 오는 계절이 바로 봄입니다.

저의 봄은 어려운 가정환경과 꿈과 비전도 없이 이러한 현실을 극복하려는 시기였습니다. 삶의 몸부림 같은 추운 겨울을 이겨내려고 몹시 저항하였습니다. 그 당시 내 삶의 고통은 절대 지나가지 않을 것 같았습니다.

그것이 거치기 시작한 것이, 저의 10대 중반부터였습니다. 저는 아버님의 사업 실패로 중 2학년 때부터 어렵게 학교생활을 하였습니다. 그저 장학금을 타기 위해 남들보다 열심히 공부할 수밖에 없었습니다. 노력 끝에 우수한 성적을 받게 되었고, 나의 자존감 또한 크게 고양시킬 수 있었습니다. 봄의 기적이 일어난 것입니다. 그때 했던 생각은 세 가지였습니다.

(1) 저는 꿈도 없었고, 하고 싶은 일도 없이 살았습니다. 이것이 곧 보통 사람의 삶입니다. 이 사실을 지금도 꿈 없이 하루하루를 살아가는 청년들에게 전하고 싶습니다.

(2) 저는 척박한 환경에서 태어난 사람입니다. 그것이 오히려 성공의 발판이 된다는 아이러니한 사실을 입증하고자 합니다. 그것이 바로 회복탄력성에 관한 이야기입니다. 나쁜 가정환경에서 태어난 친구라도 약 30%는 그 환경에 함몰되지 않고, 더 큰 성취를 이룬다는 심리학적 발견입니다. 추가로 요즘 젊은이들이 추구하는 육각형 인간도 함께 설명해 보았습니다. 이분들은 개천에서 용 나는, 고진감래와 같은 서사를 좋아하지 않습니다. 그러나 이런 사람들도 척박한 환경에서 노력하는 사람과 똑같이 열심히 자기 삶을 개척합니다.

(3) 과거를 후회하지 말고, 모르는 미래를 걱정하지 말고, 오직 현재에 최선을 다하여야 합니다. 그래야 진로의 문이 열립니다.

결국, 「(진로의 문)은 = 〔(꿈이 있든 없든) + (가정형편이 좋든 안 좋든)〕× (현실에 충실하게 살기만 하면)」 열린다는 것입니다. 저는 이것을 '인생 진로 방정식'이라고 부릅니다.

01

"소년이여 야망을 품어라!" 그 말은 진실일까?

제가 증권회사 임원이 되고 난 뒤, 중학교 진로 교사인 친구의 초청으로 특강을 한 적이 있었습니다. 저보다 앞서 강의 한 사람은 국립과학수사본부(보통 '국사수'로 약칭으로 부름)에 근무한 분으로, 어렸을 때부터 꿈꾸었던 일을 이루었다고 하였습니다. 사업에 성공한 또 다른 분도 앞에 강의한 분과 비슷한 맥락으로 강의했습니다.

저는 어렸을 때 선생님께서 "꿈이 무엇이냐?"고 물으면 항상 "없는데요."라고 대답했습니다. 그 당시에는 전혀 꿈이 없었고 관심 있는 일도 없었습니다. 그 결과로 제 자신은 언제나 꿈이 없는 사람처럼 열등감을 느끼게 되었습니다. 장래에 대한 계획이 없는 제 모습이 문제가 있는 것처럼 느껴졌습니다.

그러나 저는 그 당시 정말 꿈이 없었습니다. 그저 하루하루 최선을 다해 살았습니다. 하고 싶은 일이나 좋아하는 일이 없다 보니 현재 주어진 일을 그냥 열심히 했습니다. 형편이 어려워 부모님 고향에서 주는 장학금을 받기 위해 열심히 공부를 했는데, 그것도 다른 대안이 없어서 한 것뿐입니다. 이렇게 하다보니 대학과 취업의 문이 자연스럽게 열리게 되었습니다.

"특별한 장래 희망과 꿈이 없다면, 현재의 삶에 최선을 다하는 것이 정답입니다."

저는 이렇게 강의를 마쳤습니다. 저처럼 꿈이 없이 사는 사람도 많을 것이니 위로가 되길 바라는 심정이었습니다. 실제로 꿈과 비전을 세우고 자기 계획대로 인생을 사는 사람은 아주 드뭅니다.

(1) 혁신이론의 대가인 크리스텐슨의 주장

하버드 대학 경영학 교수로서, 혁신이론의 대가인 크리스텐슨이라는 분의 책을 통해 저는 제 인생의 고민을 해결하였습니다. (클레튼 M 크리스텐슨, 『하버드 인생학 특강』, RHK) 저는 저와 같은 생각을 하는 분을 만나게 되어 매우 기뻤고, 제가 살아온 인생이 틀린 것이 아니라는 사실로 마음에 평안함을 갖게 되었습니다.

그의 인생 이야기는 다음과 같습니다.

그는 처음엔 기자가 되기를 원했지만 시험에 계속 떨어져 컨설팅 회사에서 일하게 되었습니다. 나중에는 창업도 시도하였지만, 본인이 창업한 그 회사에서도 쫓겨나는 등 실패를 겪었습니다. 어쩔 수 없이 대학에서 공부하게 되었고 전혀 생각지도 않게 교수가 되었습니다. 인생이란 이렇게 아이러니한 일의 연속입니다. 뜻밖의 일로 인생이 바뀌게 된 것입니다.

그는 자기 진로의 우연성을 기초로 '의도된 전략과 우연한 기회를 잘 활용하는 방법'이라는 이론을 만들어 냅니다. 그는 회사에서 매년 세우는 사업 계획이나 해외 진출 전략을 예로 들며, 인생이 뜻밖의 일의 연속임을 주장합니다. 회사를 운영하는 것 역시 자신이 원하는 계획대로 되지 않는다고 주장하면서, 뜻밖의 사업 기회를 잘 활용하여야 한다고 합니다. 이 사실을 증명하기 위해 혼다와 월마트의 사례도 소개합니다.

혼다가 처음 미국에 진출하려고 했던 사업은 오토바이 사업이었습니다. '할리데이비슨'이라는 대형 오토바이 시장에 진출할 계획이었습니다. 그런데 번번이 미국 현지에서 만든 혼다 오토바이의 기계 결함으로 일본에 가서 수리를 해야 하는 바람에 계속 적자가 발생했습니다. 이에 혼다는 그 적자를 벌충하기 위해 '슈퍼커브'라는 소형 오토바이를 개발하고 판매하게 되었습니다.

그 당시 미국에서는 이런 소형 오토바이가 존재하지 않았습니다. 아무도 사용하지 않았기 때문에, 이 소형 오토바이가 얼마나 판매될지 아무도 예상할 수가 없었습니다. 그런데 뜻밖의 미국 고객으로부터 큰 인기를 얻게 되었습니다. 이후 혼다는 대형 오토바이 시장에서 철수하고, 이 슈퍼커브라는 소형 오토바이에 집중하였으며, 이것으로 미국 진출에 큰 성공을 얻을 수 있었습니다.

또 다른 사례로 월마트는 미국 유통업계에서 1위를 차지하는 기업입니다. 지방 중소도시에 큰 매장을 세우는 전략으로 유명합니다. 이 전략을 통해 미국 전역을 석권하였습니다. 그러나 이 전략을 선택한 배경을 알면 이것이 의도된 전략이라기보다는 우연한 기회를 잘 활용한 결과라는 것을 알 수 있습니다.

본래 창업자, 샘 월튼은 대도시가 더 큰 매장을 운영하기에 적합하다고 판단하고, 멤피스에 2호 매장을 열 작정이었습니다. 그러나 결국은 실행을 못하게 되었습니다. 들리는 이야기로는 그의 부인이 멤피스로 이사하기 싫어했다고 합니다. 결국 2호 매장은 멤피스가 아닌 1호 매장 옆, 아칸소주 벤토빌에 세우게 되었습니다. 이 결정으로 출하와 배달 작업이 훨씬 용이해지는 결과를 얻게 되었습니다.

이 우연한 의사 결정을 통해 작은 마을에서만 대형매장을 개설함으로써, 다른 할인 소매점과의 경쟁을 미리 차단하는 똑똑한 차별화 전략을 세울 수 있었으며, 그 결과 월마트는 미국의 1등 유통회사가 됩니다.

인생의 진로가 회사의 진로와 유사합니다. 계획대로 되는 인생도 있고,

저처럼 뜻밖의 일을 따라가다가 진로가 결정되는 경우도 있습니다.

(2) 창업 세계에서 일어나는 뜻밖의 일

창업 세계에서도 마찬가지입니다. 세계적인 기업, 구글(Google)의 이야기를 살펴볼까요. 두 명의 젊은 구글 창업자가 그동안의 사업 운영을 접고 박사 과정을 다시 밟기 위해 한국 돈으로 약 50억에 회사를 매각하려고 했습니다. 그러나 매각은 순조롭게 진행되지 않았습니다. 결과적으로 그들은 회사를 계속 운영할 수밖에 없었고, 이 계기로 구글은 세계적인 기업으로까지 성장하게 되었습니다. 그들도 회사가 이렇게 크게 성장할지 모르고 매각을 시도했던 것입니다.

한국 기업, 다음(Daum)도 비슷합니다. 다음의 첫 번째 사업은 온라인 갤러리 사업이었습니다. 그러나 보기 좋게 실패하였습니다. 그러다 우연하게 한메일이 성공하면서, 성장의 기초를 다지게 되었습니다. 예상하지 못한 사업 기회를 만나게 되고, 거기에 집중하면서 현재 다음 카카오의 기틀이 마련된 것이며, 의도하지 않은 계획에서 성공의 실마리가 생겨난 것입니다. (권도균, 『권도균의 스타트업 경영수업』, 위즈덤하우스)

우리 인생의 진로도 마찬가지입니다. 우연히 뜻밖의 일이 일어날 때 그것을 잘 받아들이는 전략이 중요합니다. 아무도 자신의 진로와 미래를 스스로 예상치 못합니다.

　최근에 자수성가한 인기 작가인 '세이노'가 쓴 책에서도 이와 같은 주장을 합니다. (세이노, 『세이노의 가르침』, 데이원)

　백만장자가 된 사람이 어떻게 일을 찾게 되었는지를 조사한 이야기가 나옵니다.

　　1) 그저 우연한 기회(29%)
　　2) 시행착오(27%)
　　3) 예전 직업과의 관련성(12%)
　　4) 이전 고용주가 놓친 기회(7%)

　이런 통계치를 인용하면서, "어떻게 하다 보니까 하게 된 일을 스스로 사랑하고 즐김으로써 뜻밖의 적성과 능력을 발휘하게 된 것"이라고 주장합니다.

　'인생 학교'를 설립한 알랭 드 보통의 주장도 비슷합니다. (알랭 드 보통, 『뭐가 되고 싶냐는 어른들의 질문에 대답하는 법』, 미래엔) 사람들에게 진로나 직업을 어떻게 가지게 되었는지를 질문하면, 어른들은 잘 모른다고 답변한다고 합니다. 어찌하다 보니 직업을 갖게 되었다는 고백입니다.

이어령 교수님도 죽음을 앞둔 인터뷰에서 인생에는 두 가지 길이 있다고 설파하고 있습니다. (김지수, 『이어령의 마지막 수업』, 열림원) 어릴 때부터 목표가 명확한 삶이 있는가하면 반면에 어쩌다 공무원처럼 어찌하다 보니 지금의 직업을 갖게 된 사람도 있습니다.

저는 인생의 두 가지 길 중 후자를 선택해서 살아왔다는 것을 깨닫게 되었습니다. 그게 보통 사람의 모습이 아닐까 생각합니다.

'소년이여 야망을 품어라!'라는 말은 반만 맞습니다. 꿈이 없다고, 하고 싶은 일이 없다고, 저처럼 고민할 필요가 없습니다. 때가 되면 진로의 문이 열립니다.

◆ 요약

시중에 나와 있는 진로에 관한 책들은 대부분 꿈과 비전을 중심으로 내용을 구성하고 있습니다. 꿈을 이루기 위해 구체적인 목표를 세우고 계획을 세워야 한다는 주장이 주를 이룹니다. 하지만 저와 같이 꿈이 없이 일상을 버티며 살아가는 젊은 사람들에게는 이런 접근법이 맞지 않을 수 있습니다.

이제는 꿈이 있는 사람뿐만 아니라 꿈을 찾지 못한 사람까지 모두를 위한 균형 잡힌 진로 지침서가 필요합니다. 이를 통해 꿈이 없는 사람들도 자신을 자책하지 않게 되며, 현재 젊은 세대가 꿈을 이루지 못한 사람들이 많다는 현실을 인식할 수 있습니다.

우리는 스스로 장래 계획을 세울 수도 있지만, 뜻밖의 사건이나 우연한 만남을 통해 전혀 예상치 못한 진로로 나아가기도 합니다. 이 두 가지 선택지가 모두 존재한다는 사실을 명심해야 합니다.

하버드 대학 경영학 교수이자 혁신이론의 거장 크리스텐슨부터 최근에 자수성가한 인기 작가 세이노까지, 다양한 인물들이 이런 주장을 내놓고 있습니다. 그들의 이야기를 통해 꿈을 향한 삶과 예상치 못한 변화를 통해 찾아가는 삶이 모두 중요하다는 것을 배울 수 있습니다. 이런 주장을 한 사람들을 정리하면 다음과 같습니다.

1) 하버드 대학 경영학 교수로서, 혁신이론의 대가인 '크리스텐슨'

2) 최근에 자수성가한 인기 작가인 '세이노'

3) '인생 학교'를 설립한 알랭 드 보통과 이어령 교수

 이분들의 주장을 살펴보면서 1) 꿈이 있는 삶과 2) 자기도 예측하지 못한 방향으로 진로가 결정되는 삶이 있음을 알 수 있습니다.

◆ **이해문제** ◆

1 인생에서 꿈이 있는 진로와 꿈이 없는 진로를 설명한 경영학자는 누구이며, 그 근거를 설명하세요.

2 혼다와 월마트 사례가 무엇인지 찾아보세요. 성공 요인이 무엇이라고 생각하나요?

3 본문에 있는 구글(Google)과 다음(Daum)의 이야기를 설명해 보세요.

4 장기 인기 도서인 『세이노의 가르침』의 저자는 어떻게 해서 사업 아이템을 만나게 되었는지 통계치로 설명하세요.

5 이어령 교수는 인생에는 두 가지 길이 있다고 말합니다. 두 가지 길이란 무엇인가요?

6 알랭 드 보통이라는 영국의 철학자는 부모님에게 진로나 직업에 대해서 질문하면 "대부분 모른다고 답변한다"라고 주장합니다. 그 이유는 무엇이라고 생각하나요?

7 본인이 꿈꾸고 있는 진로가 있으면 그것을 적어보세요. 꿈이 없다면 최근 관심사를 설명해 보세요. 그리고 그것을 가지고 동료들과 토론해 보세요.

02
척박한 가정환경으로 고생한 것이
오히려 성공의 발판이 된다고?

　어린 시절 저는 매우 어려운 환경에서 공부해야 했습니다. 부모님의 사업 실패로 중학교 시절부터 학비를 제때 내는 일이 어려웠습니다.

　그 시절에는 가출을 고민하기도 하였고, 마음이 너무 힘들 때는 한강 다리에서 뛰어내릴까 하는 생각도 해 보았습니다. 지금 돌이켜 생각해 보면, 청소년기는 매우 감정적이고 극단적인 생각을 하기 쉬운 시기였습니다.

　그러던 중 아버님의 고향에서 주는 장학금을 받기 위해 중학교 때부터 열심히 공부하였습니다. 공부의 목적은 오직 학비를 내라는 선생님 독촉이 정말 싫어서였습니다. 결국 저는 열심히 공부한 덕에 무난히 대학에 입학하였고, 그때부터 과외선생을 하며 학비를 스스로 충당하였습니다. 대학 때에도 장학금을 받기 위해 학교 수업에 전념하며 공부에 몰두하였습니다. 저는 오직 가난이 싫어서 공부한 사람입니다.

　중학교 다닐 때 선생님이 "왜 공부하니?"하고 학생들에게 물으셨을 때, "돈 많이 벌어 잘 살기 위해서"라고 답변했던 기억이 생각납니다. 지금까지 기억하는 것을 보면 꽤 인상적인 질문이었던 것 같습니다. 그 당시 저는 정말 가난이 싫어서 공부하였습니다. 공부 말고는 이 지긋지긋한 환경을 극복할 수 없다고 생각하였습니다.

비교적 잘 살았던 친척들이 지나가면서 저에게 한 말이 있습니다. 그 당시에는 가슴에 와닿지 않았지만, 그 말만은 생생하게 지금까지 가슴속에 담아두었습니다. 그 말인즉, "너는 어릴 때부터 고생을 많이 했으니 언제간 큰 인물이 되겠다."라는 덕담이었습니다.

이런 악조건의 환경이 나를 단단하게 만든 것은 사실입니다. 지금 돌이켜 생각해 보면, 어떻게든 그 가난한 환경을 극복하려고 공부도 열심히 했고, 온갖 몸부림치면서 마음을 다잡은 것도 맞습니다. 그 당시 저는 부잣집에서 다시 태어나는 상상을 자주 하며 부모님을 원망하기도 했지만, 지금은 그 경험을 통해 많은 것을 배우고 성장할 수 있었습니다.

(1) 회복탄력성

고생과 시련이 사람을 단단하게 만들고, 그것이 인생을 성공적으로 살게 한다는 가설은 김주환 교수의 책에서 '회복탄력성'이라는 개념으로 확인할 수 있습니다.

그 책에서 가장 인상깊었던 부분은 하와이 카우아이섬에서 태어난 사람들을 40년간 전수 조사한 보고서에 관한 내용입니다. 카우아이섬은 365일 중 350일 내내 비가 오는 척박한 환경을 가진 곳입니다. 조사가 시작된 1950년대에의 카우아이섬은 벗어나고 싶은 오지와도 같은 곳이었습니다. 더욱이 섬 주민 대부분은 가난과 질병에 시달렸고, 비행 청소년, 알코올 중독자, 사회 범법자, 정신 질환자 등으로 구성되어 있었습니다.

연구자들은 1954년 이후 태어난 신생아 833명 모두를 조사하였습니다. 특히 연구원 중 '어미 워너'라는 학자는 제일 열악한 환경에서 태어난 하위 201명의 고위험군을 중심으로 별도의 분석을 진행하였습니다.

이 연구에서 고위험군에 속하는 신생아 중에서 1/3은 척박한 환경에서도 공부도 잘하고 사회적으로 문제없는 아이들로 성장한 것을 발견합니다. 이들을 회복탄력성이 높은 사람이라고 명명하고, 그 성공 요인을 분석하게 되었습니다.

그 어려운 환경에서 꿋꿋이 제대로 성장해 나가는 힘을 발휘한 아이들의 공통점은 그 아이들의 관점에서 이해해주고 믿어 주는 어른이 그 인생 중에 단 한 명은 있었다는 것입니다. 이 어른이 어머님이나 아버지, 할아버지, 할머니, 삼촌 등 누구든지 무조건적 사랑을 베풀어 주었고 그들이 기댈 언덕이 되어주었습니다.

한마디로 정리하자면 개인 한 사람을 전폭적으로 지지하고 버티게 해주는 관계 형성이 회복탄력성의 중요변수임을 알게 되었습니다.

또한, 하버드에서 진행된 83년간의 연구도 이와 유사한 결과를 보여줍니다. (로버트 월딩거·마크 슐츠, 『세상에서 가장 긴 행복 탐구보고서』, 비즈니스북스) 그 사례로, 보스턴 부두에서 일하던 아버지 밑에서 자란 닐 매카시의 경우 어머니의 알코올 문제로 가정이 어려움에 처해 있었지만, 아버지의 헌신적인 사랑 덕분에 정상적으로 성장할 수 있었습니다.

그 후 닐 매카시의 종단 추적 조사에 의하면, 본인도 아버지가 했던 것과 같이 아내와 4명의 자녀에게 헌신적인 사랑을 주는 삶을 산 것을 증명하고 있습니다.

두 보고서 모두 나쁜 가정환경에서 자라면서 받은 부정적 충격은 인생의 어느 시기에 자기를 지지하고 보살펴 주는 사람을 만나면 그 사람과의 관계를 통해 모두 회복될 수 있다는 메시지를 전달합니다.

(2) 맹자의 고자장 이야기

'시련이 큰 인물을 만든다'는 말은 맹자의 고자장 이야기에도 나옵니다.

하늘이 장차 그 사람에게 큰일을 맡기려고 하면

반드시 먼저 그 마음과 뜻을 괴롭게 하고

근육과 뼈를 깎는 고통을 주고

몸을 굶주리게 하고

그 생활을 빈곤에 빠뜨리고

하는 일마다 어지럽게 한다.

그 이유는 마음을 흔들어

참을성을 기르게 하기 위함이며

지금까지 할 수 없었던 일들을

할 수 있게 하기 위함이다.

우리가 어려운 환경에서 고생의 터널을 통과할 때 "이게 나의 인생에 어떤 도움이 될까?" 라는 생각을 하게 됩니다. 저도 어린 시절에는 믿을 수 없었습니다. "척박한 가정환경으로 인한 고생이 오히려 성공의 발판이 된다"라는 사실을 말입니다.

저는 이 회복탄력성과 맹자의 이야기가 심리학, 뇌과학, 철학, 사회과학이 찾아낸 심리 회복의 정답이라고 생각합니다. 시련이 올 때 2/3는 그 환경에 함몰돼 나쁜 방향으로 가고, 1/3은 그 시련을 극복합니다. 이것이 제가 인생에서 얻은 고민에 대한 해답입니다.

(3) 척박하지 않은 환경에서 태어난 육각형 인간

기성 세대는 척박한 환경에 산 사람이 대부분이어서 고진감래와 개천에서 용이 나는 서사에 공감합니다. 하지만 요즘 세대는 그렇지 않습니다. 척박한 환경은 거의 없고 중고등학교까지 의무교육이어서 등록금을 내지 못하는 경우는 없습니다.

지금 젊은이들은 기성 세대가 겪었던 고생이라는 것 자체가 있을 수 없습니다. 이런 시대에 떠오르는 개념이 육각형 인간입니다. 육각형 인간은 외모, 학력, 자산, 직업, 성격, 특기 등 모든 측면에서 약점이 없는 사람을 말합니다.(김난도, 『트렌드 코리아 2024』, 미래의 창)

요즈음 젊은이들은 완벽해 보이는 타인과 끊임없는 비교를 통해 육각형 자아를 추구합니다. 적어도 겉으로라도 육각형 인간으로 보이고자 노력하는 모습이 현재 일부 젊은이들에게 나타나고 있습니다.

제가 외모도 출중하고, SKY 출신의 대기업에 다니는 한 청년과 이야기를 나눈 적이 있습니다. 그는 결혼을 앞두고 있었으며, 결혼할 상대방도 대기업 출신이라고 들었습니다. 그는 한국 상위 3%의 성공한 그룹에 들어가기 위해 경쟁하고 노력하고 있다고 합니다. 다른 사람보다 더 많이 갖춘 사람들도 더 높은 목표를 향해 전진하는 것 같았습니다.

이런 분들은 유복한 환경에서 태어나 외모, 학력, 직업, 성격까지 갖춘 사람입니다. 하지만 그들도 더 높은 목표를 향해 현재를 열심히 살아가는 모습을 보였습니다. 앞서 이야기한 척박한 환경에서 끊임없이 노력하는 회복탄력성 높은 사람들만큼 많은 노력을 기울이며 열심히 살아갑니다.

정리하면, 척박한 환경이든 그렇지 않든 주어진 환경을 극복하고 더 나은 인간상을 향해 노력하는 모습은 이전 세대나 현재 세대나 다 같습니다.

◆ **요약** ◆

이번 장에서는 척박한 가정환경이 인생에 미치는 영향에 관한 내용을 다루었습니다.

고생과 시련이 사람을 단단하게 만들고, 그것이 인생을 성공적으로 살게 한다는 가설을 확인해주는 책이 있습니다. 그것은 바로 김주환 교수의 『회복탄력성』입니다.

이 책에 의하면 고위험군 신생아 중 1/3은 척박한 환경을 딛고 공부도 잘하고 사회적으로 문제없는 아이들로 자라났다고 밝혔습니다. 이 사람들을 회복탄력성이 높은 사람이라고 명명합니다. 이런 아이들은 자기를 이해해주고 믿어 주는 어른이 그 인생 중에 단 한 명이라도 있었습니다.

같은 주장을 하는 하버드 보고서가 있습니다. 닐 매카시가 불우한 환경에서 정상적인 삶을 살게 된 것은 아버지의 헌신적인 사랑 때문이었다고 합니다. 그 사랑의 관계는 다음 세대로 이어져 손자 손녀에게까지 전달되었습니다.

맹자의 고자장이라는 글에서도 같은 주장을 합니다. '시련이 큰 인물을 만든다'는 말이 있습니다.

현대 시대의 젊은이들은 기성 세대가 겪었던 고생이라는 것 자체가 없습니다. 이런 시대에 떠오르는 개념이 육각형 인간입니다. 육각형 인간은 외모, 학력,

자산, 직업, 성격, 특기 등 모든 측면에서 약점이 없는 사람을 말합니다. 최근 젊은 이들은 육각형 인간으로 보이고자 노력하는 추세에 있습니다. 그러나 척박한 환경에서 자라지 않은 요즘 청소년들도 가정형편이 어려운 친구들과 똑같이 내일의 삶을 위해 많은 노력을 기울입니다.

◆ 이해문제 ◆

1 회복탄력성이란 무엇인지 설명하세요.

2 하와이 카우아이섬 조사 내용을 설명하세요.

3 불우한 환경의 청소년이 잘 자랄 수 있었던 근본 요인은 무엇입니까?

4 회복탄력성과 같은 주장을 하는 보고서는 무엇인가요? 주장의 요지는 무엇일까요?

5 맹자의 고자장 이야기의 핵심 주제를 써보세요.

6 가정환경이 안 좋은 사람이 성공하기 위해서 회복탄력성의 관점에서 어떤 노력이 필요한가요? 각자 자기 생각을 주장해보고 그 근거를 토론해 보세요.

7 육각형 인간의 개념을 설명해 보세요. 왜 이것을 추구하고, 그런 사람을 동경하게 되는 걸까요?

03
현실을 극복하려는 몸부림이 과연 먼 미래에 도움이 될까?

 등산하다 보면 "정상까지 어찌 가지"하고 밑에서 바라보면 한숨이 나올 때가 있습니다. 그러나 한 걸음 한 걸음 자기 발만 보고 올라가다 보면, 어김없이 정상이 눈앞에 펼쳐집니다.

 우리의 삶도 마찬가지입니다. 눈앞에 닥친 현실을 극복하기 위해 몸부림칩니다. 저도 어린 시절 비슷한 경험을 했습니다. 가정형편이 어려워 장학금을 받는 것이 저에게 학비를 조달할 수 있는 유일한 길이었습니다.

 이 목표를 달성하기 위해 제가 했던 현실극복 몸부림이 '벼락치기 공부법'입니다. 저는 이 방법을 통해 학비를 조달했고, 공부한 결과 좋은 대학에 입학할 수 있었습니다. 그 후 진로의 문도 자연스럽게 열려 사회에 진출하였습니다.

 '벼락치기 공부'가 성공하려면 치밀한 시간계획과 실천하겠다는 의지가 필요합니다. 결과가 나쁘면 계획을 수정해야 하는 노력도 뒤따랐습니다. 저는 자연스럽게 플랜(Plan)-두(Do)-씨(See)라는 '자기주도 학습 프로세스'를 익힐 수 있었습니다. 나중에 회사 업무를 추진하거나, 사업계획서를 작성할 때 큰 도움이 되었습니다.

참 희한한 일입니다. 현재의 노력이 먼 미래에 나도 알 수는 없지만 도움이 되는 일들로 다시 만나게 됩니다. 벼락치기 공부가 그랬습니다. 이와 유사한 경험으로 독서하는 루틴도 비슷한 결과를 가져왔습니다. 제가 지금까지 3권의 책을 쓰는 데 큰 영향을 받았습니다.

저에게는 공부와 독서가 그런 역할을 했지만, 여러분도 저와는 다른 자기 나름의 경험이 있을 겁니다. 자기가 현재하고 있는 일이 미래에 어떻게 연결되는지 알 수 없습니다. 그것을 알 수만 있다면 현재 일에 더욱 집중할 것입니다. 모르니까 열심히 못 합니다. 그래서 현재 주어진 일을 그냥 열심히 하는 겁니다. 그것이 진로의 문을 여는 해결책입니다.

(1) 벼락치기 공부

고등학교 시절부터 저는 무조건 '벼락치기 공부법'으로 시험을 준비했습니다. 제일 먼저 한 것은 기출문제 정리였습니다. 시험 볼 때마다 시험 범위와 관련해서 기출문제를 중심으로 수집하고 정리하였습니다. 참고서에서 발췌하기도 하고 기출문제만 정리한 문제집을 사서 자료를 모으기도 했습니다.

기출문제를 공부하다 보면 교과서의 어떤 내용이 중요한지 우선순위를 알게 됩니다. 시험에서 나올 가능성이 높은 내용을 정확히 이해하게 되면서, 기출문제와 교과서 내용이 상호 보완되어 중요한 문제들이 순차적으로 정리되었습니다.

이때 배훈 교훈은 열심히만 하면 되는 게 아니라 시험에 나올 핵심을 집중적으로 공부하는 것이 더 중요하다는 것입니다. 최근에 직업상담사 공부를 할 때도 같았습니다. 기출문제 중심으로 공부한 결과 1, 2차 시험을 한 번에 모두 합격하였습니다. 대학원 시험도 그렇고 심지어 6개월 장교 시험에도 이 방법이 효과적이었습니다.

기출문제 공부법은 사회에 나와서도 큰 도움이 되었습니다. 사회에서는 다른 기업의 동향 보고서가 기출문제와 같은 것입니다. 해외 현지법인에 자료를 요청하거나 연구소를 찾아다니는 등 다양한 방법으로 다른 기업의 동향을 조사하면 회사의 문제점을 해결하는 데 많은 도움이 됩니다.

두 번째로 제가 했던 것은 유형별 문제 풀이입니다. 특히 수학의 경우 유형별로 문제를 풀어보면 시험 성적을 비교적 쉽게 올릴 수 있습니다. 중요한 내용을 다양한 형식으로 바꾸어서 문제를 내기 때문입니다. 유형별로 문제를 풀다 보면, 기출문제처럼 중요한 유형이 무엇인지 유형별 우선순위도 자연히 알게 됩니다.

예전에 유명했던 수학 바이블인 홍성대 선생님의 『수학의 정석』이 바로 이러한 형식으로 만들어진 것입니다. 비슷한 유형의 문제를 반복 학습을 하면 오랫동안 기억에 남는 효과를 기대할 수 있습니다.

이러한 공부 방법은 나중에 '묶기와 풀기'라는 보고서 정리 방식과 유사하여서 직장생활에서도 도움이 되었습니다. '묶기와 풀기'라는 보고서 정리 방식은 별게 아닙니다. 비슷한 내용을 묶어서 같이 설명하고, 유사성이 없으면 풀어서 다른 내용과 합치거나 삭제하는 작업을 말합니다.

세 번째 방법은 '찍기 공부법'입니다. 미리 문제를 찍으면서 "이 문제는 나올 거야"하고 결론을 내고 공부하는 방법입니다. 이 방법의 장점은 '내가 문제 내는 선생님이라면 어떤 문제를 낼까?'하고 스스로 생각하게 한다는 것입니다. 가장 중요한 문제를 스스로 깨닫게 하는 효과를 가져옵니다.

'찍기 공부법'은 회사에서 보고서 만들 때 도움이 되었습니다. 저는 일하기 전에 팀원들과 결론을 어떤 방향으로 쓸 것인지 토론부터 하였습니다. 결론을 정하고 일하면, 그에 관련된 자료수집과 데이터 분석이 어렵지 않습니다.

우리 뇌도 '가추법'이라는 방식으로 작동한다고 합니다. 미리 추론해서 나온 결론을 가지고 감각 자료를 수집하며 만약 맞지 않으면 다른 추론으로 다시 진행하는 방식입니다. 결론을 가지고 일하는 것이 일의 효율성 향상과 시간 단축에 매우 효율적입니다.

네 번째로는 시험 과목과 교과서 범위를 나누어서 시간 계획을 짜는 것입니다. 보통 2주 전에 시험공부를 준비합니다. 하루 2~3과목 시험을 보기 때문에 전날 할 수 있는 가벼운 과목은 2주 전 시험공부 계획에서 뺍니다. 국영수는 벼락치기가 안 됩니다. 수학은 평소에 유일하게 하는 공부입니다.

이런 시험공부 계획은 회사에 들어가서 보고서의 마지막 부분에 해당하는 추진 일정을 만들 때 도움이 되었습니다. 그 내용은 주관 부서와 협조 부서를 정하고 어떤 업무는 언제까지 할지 단계별로 시간 계획과 업무 분담을 세우는 것입니다.

다섯 번째로는 계획대로 안 되면 바로 수정하는 것입니다. 저는 아니다 싶으면 바로 바꿉니다. 사회에서도 제 의견이 맞다고 주장하다가도 결과적으로 아니라면 바로 상사에게 보고하고 빠르게 변경하였습니다. 공부할 때도 제가 정한 계획대로 그 시간에 끝나지 않으면 스케줄을 다시 조정해서 공부했습니다. 세상일이라는 것이 늘 예상대로 흘러가지 않습니다.

'벼락치기 공부법'은 각론으로 들어가서 살펴보면 1) 기출문제 정리하기, 2) 유형별 문제 풀이, 3) 찍기 공부법, 4) 시간 계획 짜기, 5) 계획대로 안되면 즉시 수정하기 등 5개로 이루어져 있습니다.

이것은 플랜(Plan)-두(Do)-씨(See)라는 '자기주도학습 프로세스'와 매우 흡사합니다. 1) 기출문제 정리하기, 2) 유형별 문제 풀이, 3) 찍기 공부법은 두(Do)에 해당되고, 4) 시간 계획 짜기가 플랜(Plan)을 말하며, 마지막 씨(See)는 5) 계획대로 안 되면 즉시 수정하기입니다.

이렇듯 장학금 받으려고 했던 저의 공부 방법이 아주 먼 미래의 직장 생활에서도 많은 도움이 되었습니다. 잘하려고 스스로 노력한 몸부림이 나중에 보약이 된다는 사실을 비로소 알게 되었습니다.

(2) 어린 시절 독서

제가 고전 읽기를 시작한 것은 중학교 때인 것으로 기억됩니다. 이사하면서 TV를 없애고 나서부터는 학교 갔다가 집에 돌아오면 책장을 살피는 습관이 생겼습니다.

이광수의 『사랑』, 염상섭의 『표본실의 개구리』, 채만식의 『탁류』, 김동리의 『감자』, 심훈의 『상록수"와 같은 한국 고전소설을 읽었으며, 해외 고전으로는 톨스토이의 『전쟁과 평화』, 도스토옙스키의 『죄와 벌』,

코난 도일의 『셜록 홈스』 시리즈를 즐겨 읽었습니다.

역사에 대한 관심도 많아 이문열의 『삼국지』, 일본 만화 『삼국지』, 중국 고전 『수호지』, 『정관정요』 등을 읽었습니다. 대학에서는 E.H 카의 『역사란 무엇인가』, 강만길의 『해방 전후사의 인식』, 한완상의 『민중과 지식인』, 리영희의 『우상과 이성』 등 시대의 아픔을 노래하는 글을 접했습니다.

저는 어린 시절의 독서가 습관이 되어, 지금도 관심 있는 신간 서적을 사서 꾸준히 읽고 있습니다. 회사 다닐 때는 주로 지하철에서 읽었고, 요즘은 운동 삼아 오후에 10분 거리의 커피숍에서 걷기와 겸해서 독서합니다.

어린 시절 독서 습관 덕분에 저는 3권의 책을 쓸 수 있었습니다. 첫 번째 책은 『취업 잘하는 종족』으로 취업 관련 내용을 다루었고, 두 번째 책은 『커리어 브랜딩』이라는 이름으로 세상에 나왔습니다. 마지막 3번째 책은 8년간 마케팅과 창업에 관해 대학에서 강의하면서 괜찮은 교과서를 써보겠다는 신념으로 만든 『2030 창업 길라잡이』입니다.

제가 10대 때 던졌던 인생의 질문은 말년에 와서 진로 방정식이라는 인생 공식을 생각나게 했습니다. 뭐 특별한 것이 아닙니다. 꿈과 비전이 있든 없든, 집안 형편이 좋든 안 좋든, 현재 자기에게 주어진 일을 열심히 하는 겁니다. 그것은 '그러한 현재가 조금씩 쌓여 나중에 폭발할 때가 온다'라는 믿음을 가지고 생각해낸 말입니다. 지금은 그런 생각이 들지 않을지라도 그냥 하는 겁니다. '인생의 몸부림' 혹은 '살기 위한 투쟁'으로 미화해도 좋습니다.

현재 주어진 일을 충실히 감당하며 현재를 살아내야 합니다. 아무리 어려운 환경이라도 마찬가지입니다. 도저히 못 갈 것 같아도, 뚜벅뚜벅 걷다 보면, 그 종국의 길이 열리게 됩니다. 이게 인생이라고 생각합니다. 저는 이것을 '인생 진로 방정식'이라고 부릅니다.

카르페 디엠(carpe diem)! 이라는 말의 의미는 인생 진로 방정식과 비슷합니다. '이 순간에 충실 하려면 지금 여기 현재에 집중해야 한다'라는 말입니다.

<표 3-1> 인생 진로 방정식

(진로의 문)은 = 〔(꿈이 있든 없든) + (가정형편이 좋든 안 좋든)〕× (현실에 충실하게 살기만 하면) 열린다는 것입니다. 저는 이것을 '인생 진로 방정식'이라고 합니다.

◆ **요약** ◆

이번 장은 현재의 중요성에 관한 이야기입니다. 자기가 현재 하고 있는 일이 미래에 어떻게 연결되는지 알 수 없습니다. 알 수만 있다면 현재 일에 더욱 집중할 수 있을 겁니다. 그러나 우리의 현실은 그렇지 못합니다.

제가 도와준 한 젊은 친구는 입사 후에 AQL 데이터 프로그램에 흥미를 갖게 되었고, 열심히 배웠습니다. 그것이 나중에 마케팅 분석 전문가로 전환하게 되는 중요한 계기가 될지 몰랐습니다. 배운 지식으로 현재 업무를 하나하나 해결하고 경험이 쌓이다 보니 자기도 모르는 사이에 새로운 진로의 문을 열게 된 것입니다.

이와 유사한 경험이 저의 어린 시절에도 있습니다. 그것이 1) 벼락치기 공부와 2) 독서였습니다. 그 당시에는 저의 삶에 큰 도움이 될 줄 몰랐습니다.

'벼락치기 공부법'은 각론으로 들어가 살펴보면 1) 기출문제 정리하기, 2) 유형별 문제 풀이, 3) 찍기 공부법, 4) 시간 계획 짜기, 5) 계획대로 안되면 즉시 수정하기 등 5개로 이루어져 있습니다. 이것이 나중에 입사해서 일하다 보니 플랜(Plan)-두(Do)-씨(See)라는 '목표 관리 프로세스'와 매우 흡사하다는 사실을 알게 되었습니다.

'기출문제'는 회사 동향 보고서와, '찍기 공부법'은 결론을 가지고 문서 작성하기와 서로 연결되고 있습니다. '유형별 문제 풀이'는 문서작성 시 묶기와 풀기라는 것에 활용되기도 하였습니다. 현재 하던 일이 나중에 도움이 된다는 진리를 깨닫게 되었습니다. 그런데 문제는 그 일을 하는 당시에는 잘 모른다는 것입니다.

어린 시절의 독서도 비슷한 결과를 가져왔습니다. 그때는 어떤 유익이 있는지 몰랐습니다. 그러나 시간이 지난 후에는 이것이 3권의 책을 쓸 수 있는 기초가 되었습니다.

꿈과 비전이 있든 없든, 집안 형편이 좋든 안 좋든, 현재 자기에게 주어진 일을 열심히 하는 겁니다. 그러면 그러한 현재가 조금씩 쌓여 나중에 때가 되면 폭발할 때가 옵니다. 저는 이것을 '인생 진로 방정식'이라고 합니다.

이해문제

1. 현재 주어진 일을 잘하려면 어떤 생각을 가져야 하나요? 등산과 비교해서 설명해 보세요.

2. 현재 어쩔 수 없이 해야만 하는 일은 무엇이 있나요? 하나 예를 들고 그 일을 할 수 있는 방법을 생각해 보세요. (예) 살 빼기, 팀 프로젝트, 학과 MT 준비 등

3. 아무 생각 없이, 어쩔 수 없이 했다가 성공한 사례가 있나요? 본문의 벼락치기 공부나 어린 시절의 독서와 같은 유사한 사례가 있나요? 있으면 말해 보세요.

4. 인생 진로 방정식을 무엇이라고 정의하나요? 한번 써보세요.

5. 현실을 충실하게 살면 진로의 문이 열린다는 사실이 믿어지나요? 만약 믿어진다면 왜 그렇다고 생각하나요?

THE FORMULA FOR CAREER SUCCESS

2부

진로 이론 :
직업 선택과 진로 설계

여름 산은 색깔이 봄에 비해 매우 짙은 색을 띱니다. 나무가 울창해집니다. 숲을 바라보면 저 끝이 보이질 않습니다. 푸르른 나무들이 빽빽하게 늘어서 있기 때문입니다. 그 우거진 숲을 바라보고 있노라면, 쌓여있던 피로가 가시는 것 같습니다. 저에게 여름 숲은 휴식 공간으로 제격입니다.

한편, 매미들의 울음소리는 숲의 고요를 깨면서 "맴~맴~" 울립니다. 어느 분은 그 소리를 반가워하겠지만 저에겐 잡음으로 들립니다. '그 소리가 없으면 더없이 좋을 텐데'라는 생각이 들곤 합니다.

여름 산이 주는 또 하나의 혜택이 있습니다. 저녁에 산에서 불어오는 시원한 바람입니다. 여름 더위를 식혀주는 선물 같습니다. 그 자연스러운 시원함은 선풍기나 에어컨 바람과는 전혀 다릅니다. 집 창문을 열고 수락산에서 불어오는 저녁 바람을 느낄 때마다 산 밑으로 이사 온 것을 감사하게 됩니다.

산바람이 내 몸을 감쌀 때 그 피부로 전해지는 청량함은 전 잊을 수 없습니다. 인생에 고민이 많았던 시절, 간혹 저녁 바람 같은 시원한 바람이 불면 마치 고민했던 문제가 하늘로 날아가 버리는 듯했습니다.

여름 숲은 '휴식과 청량한 바람'을 가져다주는 공간이지만, 매미 소리 같은 잡음으로 시끄럽기도 합니다. 이렇듯 여름 숲은 긍정적인 측면과 부정적인 내용이 공존합니다. 저에겐 20대 청춘이 꼭 여름 숲과 같았습니다.

대학 시절에 제가 가장 좋아하는 단어는 '자유'였습니다. 그때는 군사정권 시절이어서 교련 수업을 받아야 했으며 '문무대'라는 곳에 가서 군사 훈련까지 받아야 했습니다. 외부에 의해 간섭받는 것을 저는 몹시도 싫어했습니다. 모두 강제입니다. 거부할 수 있는 자유가 없었던 시대였습니다.

나중에 배웠지만, 선택할 수 있는 자유에는 그 선택 결과에 대한 책임이 따릅니다. 선택할 수 있는 자유에는 또 모든 것을 다 선택할 수 없다는 사실도 함께 배웠습니다. 바로 방종의 문제입니다. 민주 사회에는 법이라는 규칙을 따라야 합니다. 규칙을 무시하고 아무거나 선택하면 안 되는 것이 있습니다. 선택의 자유에는 제한과 규칙이 있습니다.

20대는 참 외로웠습니다. 연애를 하며 방황하기도 하고, 한때는 친구들과 춤추며 시간을 보낸 적도 있습니다. 이런 방황의 경험 덕분에 진로에 관한 나름의 관점을 가지게 되었고, 이것을 '진로의 이론'이라고 제목을 지었습니다.

직업 선택과 진로 설계에 관해 더욱 자세히 설명해 보겠습니다.

◆ 04 ◆

직업에 관한 다양한 의견을 참고하여 직업을 선택하라

진로는 크게 두 가지 갈래로 이야기해 볼 수 있습니다.

첫 번째는 자신이 설정한 비전과 목표가 명확한 경우입니다. 제가 만난 청년 중에 살펴보면, 의대나 약대 혹은 법학전문대학원으로 진학해 판검사나 변호사가 되려는 사람이 있습니다. 흔치 않지만, 교수가 되겠다고 유학 가는 사람들도 진로가 상당히 명확한 사람입니다. IT 전공자나 디자인 전공자들도 마찬가지입니다.

두 번째는 청소년기에 특별히 하고 싶은 일이나 좋아하는 일을 찾지 못한 경우입니다. 이런 부류의 사람은 현재의 삶을 충실하게 살아내야 합니다. 충실하게 살아가면 준비된 상태가 되어 다양한 기회를 만날 수 있습니다.

저의 경우는 좋은 대학을 나와서 좋은 기업에 들어가는 데 유리했습니다. 또한, 대학원에서 마케팅을 전공한 덕분에 은퇴 후에 강의할 기회를 얻을 수 있었으며, 임원으로 은퇴한 후에는 친구의 추천으로 상장회사 감사로 일할 수 있었습니다. 만약 임원으로 은퇴하지 않았다면 그런 기회를 얻지 못했을 것입니다. 이처럼 진로가 명확하지 않을 때는 무엇이든 최선을 다해야 합니다. 그러면 다양한 진로의 문이 열리게 됩니다.

이제 이 두 가지 진로 방향을 명심하고, 직업에 관한 실무적이고 기초적인 내용을 살펴보도록 하겠습니다.

(1) 직업의 세 가지 필요충분조건

직업을 정의하는데 세 가지 관점이 있습니다.

첫 번째 관점은 생계유지를 위해 자기 적성과 능력에 따라 일정 기간 종사하는 일을 직업으로 정의하는 것입니다. 이 관점에서 직업 선택의 핵심은 자신의 적성과 능력에 부합하는 일을 찾는 것입니다. 만약 선택한 직업이 자신의 적성에 맞지 않으면 이직을 결심하는 경우가 많습니다.

저의 신입사원 시절, 영업직이 자신의 적성과 능력에 맞지 않는다고 느낀 동료들이 나중에 기자나 제조업, 혹은 무역 상사로 이직하는 경우를 많이 보았습니다. 이를 통해 직업 선택에서 가장 중요한 점은 자신의 적성과 능력을 고려하여 선택해야 한다는 것입니다.

저는 젊은 친구들과 진로 상담할 때 모든 일은 세 가지 직군으로 구분된다고 설명합니다. 바로 기획직군, 관리직군, 영업직을 포함한 전문직군입니다. 자신의 적성과 능력이 이 세 직군 중 어느 직군에 맞는지를 파악하는 것이 우선되어야 합니다. 일반적으로 회사가 직원을 뽑을 때 이러한 직군 중심으로 선발하기 때문입니다. 자기 적성이 기획직군에 맞지만 관리직에 지원하면 회사에 입사한 후에도 얼마 못 가서 이직을 고민하게 됩니다.

다음으로 고민해 볼 문제는 '능력에 맞는 직업은 무엇일까'입니다. 능력에 맞는 직업이란 자신이 잘하는 일로 취업하는 것을 말합니다. 일반적으로 적성에 맞는 일을 할 때 능력도 잘 발휘됩니다. 앞서 언급한 직군 중 자신에게 맞는 직업을 찾았다면, 그 일을 열심히 하게 되고 자연스럽게 능력을 키우게 되어 적성과 능력이 일치하게 됩니다.

따라서 무엇보다 자신의 적성에 맞는 일을 찾기 위해 신중한 진로 탐색 과정이 필요합니다. 적성에 맞는 일을 찾으면 대개 이미 그 능력을 갖추고 있거나, 일을 하면서 자연스럽게 능력이 길러지게 될 것입니다.

직업의 두 번째 정의는 직업이 다른 사람의 문제를 해결하는 일이라는 것입니다. 자신의 직업이 다른 사람의 불편하고 고통스러운 문제를 해결해 주는 일이라면 큰 기쁨을 느낄 수 있습니다.

저의 경우 증권사에서 영업사원으로 일할 때 고객의 자산을 많이 불려주어서 고객의 사랑을 많이 받았습니다. 제가 신입사원으로 영업하던 시절에는 성과급이 따로 없어서 큰돈을 벌지 못했지만, 명절마다 고객들이 저에게 선물을 많이 주었습니다. 다른 사람의 문제를 해결해 주는 일을 직업으로 삼는 것은 이처럼 기쁨과 즐거움을 줍니다. 마음의 뿌듯함도 선사할 겁니다.

한 번은 목욕탕에 물이 새서 전문가를 불러 원인을 파악한 적이 있습니다. 누수 원인을 찾아 해결한 대가로 2시간 만에 40만 원을 지불하였습니다. 그때 저는 '남의 심각한 문제를 해결해 주는 직업일수록 돈을 더 많이 받는구나'라는 생각을 하게 되었습니다.

이처럼 다른 사람의 문제를 해결해 주는 전문가가 되는 것은 매우 유익합니다. 예를 들어 법적인 문제를 해결하는 변호사, 병을 치료하는 의사, 최근 주목받는 AI 전문가 등이 있습니다. 이러한 전문가가 되면 높은 급여와 더불어 즐겁게 일할 수 있습니다. 이는 다른 사람의 문제를 해결해 주는 직업이기 때문입니다.

직업의 세 번째 정의는 사회적으로 의미 있는 일을 직업으로 삼는 것입니다. 예를 들어, 현대 사회의 약자인 청년과 스타트업을 돕는 저의 사단법인 활동은 사회적 의미가 큰 일입니다. 자립 준비 청년을 돕는 일도 의미 있는 일로, 사회적으로 큰 보람을 느낄 수 있습니다. 부모님

없이 자란 청년들에게 버팀목 역할을 하는 어른, 형, 누나로서 그들의 자립과 독립을 돕는 것은 매우 중요한 일입니다.

제 친구 중 한 명은 환경설비 기업에서 매연 저감 장치 기술을 연구합니다. 최근 이산화탄소 배출 등 환경문제가 큰 이슈가 되고 있어, 이러한 창업은 사회적으로 매우 의미 있습니다. 또 모더나 같은 제약회사는 코로나 시기에 치료제를 개발하여 사회 문제를 해결한 매우 의미 있는 사업을 한 것입니다. 자신의 직업이 사회적으로 의미 있는 일이라면 그것은 좋은 직업이 됩니다.

결국 가장 이상적이고 좋은 직업은 적성과 능력에 맞으면서, 다른 사람의 고통스러운 문제를 전문가로서 해결해 주고, 사회적으로 의미 있는 일을 직업으로 삼으면 됩니다. 이것이 이상적인 직업의 세 가지 필요충분조건입니다.

(2) 현실적인 좋은 직업 : 돈 이외의 다른 조건도 고려

아무리 적성과 능력에 맞고 다른 사람을 돕는 사회적 의미가 있더라도 급여 혹은 연봉이 너무 적다면 지속해서 일할 수 없습니다. 직업 선택에 있어서 돈은 매우 중요한 요소입니다.

저도 40년 전 사회에 진출할 때 돈을 많이 준다고 해서 증권회사에 취업했습니다. 그 결과 두 자녀 해외 유학할 수 있는 자산을 모았고, 우리 아들의 심장병 수술을 세 번이나 뒷바라지하는 데 부족함이 없었습니다.

돈 이외에 다른 이유로 직업을 선택하는 이유 중 자기 경력 혹은 개인적인 성장을 위해서 급여를 낮추어 가는 경우도 있습니다. 그 예로 변호사 생활하다가 국가 공무원으로 특채로 채용되거나, 외교관으로 특채되는 사례도 보았습니다. 공직을 선택하는 전문가들은 돈보다는 직업의 안정성과 자신이 하고 싶은 일을 중요시 여깁니다.

또한, 사회에 뒤늦게 진출하게 되었을 때는 여러 조건을 따질 것 없이 진로를 결정해야 할 때도 있습니다. 최근에 상담했던 어떤 친구는 35살이 돼서야 신입사원으로 사회에 진출했습니다. 급여가 중요한 것이 아니라, 자기를 뽑아주는 회사가 있다면 어디든 들어가야 했습니다. 이런 경우 당연히 돈은 중요하지 않습니다. 현재 스타트업에 취업해서 회사에 적응하려고 애쓰고 있습니다.

이런 여러 가지 이유로 현실적인 직업 선택과 이상적인 직업 선택에는 차이가 있습니다. 특히 요즈음에는 워라밸(Work-Life Balance)이라고 해서 직장과 가정의 삶의 균형을 중시하는 분들이 많아지고 있습니다. 크리스텐스 교수님의 책 『하버드대 인생학 특강』에서는 가족과 더 많은 시간을 보내는 것의 중요성을 강조합니다. 그는 직업 선택시 돈도 중요하지만, 가족과 함께하는 시간도 중요하다고 설명합니다. 저는 이것이 워라밸을 지지하는 것으로 이해했습니다.

골드만삭스 같은 금융기관은 높은 급여를 제공하지만, 업무 강도가 매우 높습니다. 그 결과 가족과 함께할 시간이 매우 적어집니다. 사회적으로 상당한 위치에 올랐을 즈음에 아내와 이혼하는 사례가 많다고 합니다. 가족과 함께할 시간이 부족했기 때문입니다. 그때는 이미 늦어서 되돌릴 수 없습니다. 이혼 후에는 자녀 문제 등으로 인해 행복한 삶을 누리기 어렵다고 합니다.

직업 선택에 있어서 돈은 현실적으로 고려해야 할 가장 중요한 요인 중 하나입니다. 그러나 돈만 보고 직업을 선택하면 후회할 수 있습니다. 앞서 말씀드렸듯이 돈 이외에도 개인의 경력과 성장, 직업의 안정성, 워라밸 등 다양한 요소들을 고려해야 합니다. 이러한 요소들을 종합적으로 고려하여 직업을 선택해야 하며, 개인적인 상황과 처지에 따라 다양한 조합이 생길 것입니다.

결국 직업 선택은 첫째로 적성과 능력, 다른 사람의 문제 해결, 사회적 의미 등을 고려하고, 둘째로 돈을 포함한 다양한 현실적 요소를 참고하여 결정하는 것이 바람직합니다.

(3) 직업 선택 방법 : 세 가지 접근 방식

실제 직업상담을 해보면 시기에 따라서 직업을 선택하는 접근 방법을 달리해야 한다는 것을 알 수 있습니다. 청소년기 혹은 대학 시절에는 적성과 능력에 맞는 좋아하는 일을 찾는 접근하는 방식이 효율적입니다. 그러나 실제 취업을 앞둔 청년의 경우는 우선 전문직 중 관심 있는 분야가 있는지부터 찾는 편이 더 유익합니다.

왜냐하면 사회에서 누구나 할 수 있는 일보다 자기만이 할 수 있는 전문직이 일반직보다 경쟁력이 있기 때문입니다. 따라서 첫 번째 직업 선택 방법은 인생의 시기에 따라 직업 선택 접근 방식을 차별화하는 것입니다.

현재 우리나라는 이과의 경우 의대나 약대, 혹은 간호대에 가려고 하고, 문과의 경우 법학전문대학원에 가서 검사나 변호사가 되려는 경향이 강합니다. 이외에도 공인회계사, 세무사, 감정평가사, 변리사 등 전문 자격증을 따려고 공부하는 사람도 많습니다. 또한 요즘에는 정보통신과 AI 분야로 가는 젊은이들도 점점 많아지고 있습니다. 최근에는 도배, 타일, 목수 등 현장 인테리어 전문가도 관심 분야로 떠오르고 있습니다. 제 경험상 이런 전문직이 다른 일반직보다 급여와 처우 면에서 유리하고 정년 없이 계속 일할 수 있는 분야입니다.

정리하자면, 중고등학교와 대학 시절에는 적성과 능력을 중시하여 직업을 찾는 노력이 필요하고, 취업을 앞두고는 전문직 중에서 자신에게 맞는 직업을 찾는 접근도 괜찮은 방법입니다. 두 접근 모두 그 일이 자신에게 어떤 의미가 있는지 점검해보는 것이 중요합니다.

저의 경우는 회사에 들어가서 기획과 마케팅 업무로 특화하여 해당 분야의 전문가가 되었고, 은퇴 후에는 취업과 창업 등 직업상담 전문가로 변신했습니다. 취업 전에 전문 분야가 정해지지 않았더라도 일단 취업해서 전문 분야를 고민해도 늦지 않습니다. 이것도 일반적인 직업 선택 방법 중 하나입니다.

또 하나 명심할 것은 회사는 일반적으로 직군별로 사람을 뽑는다는 점입니다. 다시 말하면 기획직군, 관리직군, 영업을 포함한 전문직군 등으로 구분하여 선발합니다. 따라서, 가고 싶은 회사보다 우선 어떤 직군에 적성이 맞는지 파악하는 것이 더 중요합니다.

직군에 대한 이해를 돕기 위해 관련 업무를 살펴보면 다음과 같습니다. 예를 들어, 기획직군은 사업기획, 마케팅 기획, 인사기획, 시스템 기획 등을 말하고, 관리직군은 인사관리, 총무, 사옥 관리, 회계 관리, 마케팅 관리 등 일반 관리 업무를 의미합니다. 영업을 포함한 전문직군은 1) 영업(기술 영업 포함), 2) 세무사나 회계사 등 재무관리 업무, 3) IT 전 분야, 4) 디자인, 5) 컨설팅, 6) 각종 연구소 등 영업과 전문가와 관련된 특정 업무를 말합니다.

최근 취업 경향은 회사보다 적성에 맞는 직군 파악이 중요합니다. 좋은 회사에 들어가더라도 적성에 맞지 않아 퇴직하는 사람들이 의외로 많습니다. 앞서 언급한 3가지 직군 중 자신에게 어느 직군이 적합한지 파악하고, 그 다음 회사에 지원하는 것이 바람직합니다. 이것이 두 번째 직업 선택 방법입니다.

마지막 세 번째 방법은 돈을 포함한 다양한 현실적 요소(경력과 직업의 안정성, 워라밸 등)를 참고하여 결정하는 것입니다.

◆ **요약** ◆

이 장은 직업 선택 방법에 관한 이야기입니다.

가장 이상적인 직업은 1) 적성과 능력에 맞으면서, 2) 다른 사람의 고통스러운 문제를 전문가로서 해결해 주고, 3) 사회적으로도 의미 있는 일을 직업으로 삼으면 됩니다.

젊은 친구들이 보통 직업을 선택할 때 적성과 능력을 고려하는 경우가 많으나, 오히려 다른 사람의 문제를 해결하는 관점에서 직업을 선택하는 것이 더 실용적인 접근입니다. 이런 직업 중에서 본인의 적성과 능력에 맞는 것을 직업으로 삼는다면 가장 현명한 접근 방법이 아닐까 생각합니다.

또한 다른 사람의 문제를 해결해 주는 전문가로 진로를 설정하는 것이 급여와 처우 면에서 다른 직업보다 낫고, 은퇴 이후 삶에도 도움이 되는 것 같습니다. 남들이 다 할 수 있는 일보다 나만이 할 수 있는 전문영역을 발견하고, 거기에 집중하는 것이 지혜로운 직업 선택 방법입니다.

현실적인 직업 선택에 있어서 1) 돈은 고려해야 할 요인 중 가장 중요합니다. 2) 돈 이외에도 개인의 경력과 성장, 직업의 안전성, 워라밸 등 다양한 고려 요소가 존재합니다.

결국, 직업 선택의 방법은 1차로 1) 적성과 능력, 2) 다른 사람의 문제해결,

3) 사회적 의미 등을 고려하여 결정합니다. 또 다른 방법으로 먼저 다른 사람의 문제 해결하는 전문가 중에서 본인의 적성과 능력에 맞는 직업을 역으로 선택하는 접근도 있습니다. 검증 차원에서 사회적으로 문제가 되는 직업인지 아닌지 마지막으로 점검하면 좋습니다. 그다음 2차로 4) 돈을 포함한 다양한 현실적 요소를 참고해서 결정하면 됩니다.

현실적인 조언으로는 회사에서는 직군별 직원 선발하므로 자기가 기획직군에, 혹은 관리직군에, 아니면 영업을 포함한 전문직군에 적합한지 파악해서 지원하는 것도 바람직한 직업 선택 방법의 하나입니다.

◆ **이해문제** ◆

1 직업의 필요충분조건 세 가지를 찾아보고 기록해 보세요.
   (1) 능력과 적성에 맞는 직업은 무엇이라고 생각합니까?
   (2) 문제를 해결하는 직업이란 무엇인지 예를 들어 설명해 보세요.
   (3) 의미 있는 직업에는 무엇이 있는지 사람들과 토의해 보고 자기 생각을 적어보세요.

2 현실적으로 직업을 선택할 때 돈 이외에 어떤 조건을 고려해야 하나요?

3 직업 선택 방법에 관한 세 가지 실용적인 방법이 있습니다. 자세히 설명해 보세요.

――― ◆ 05 ◆ ―――
선배들의 다양한 모델을 참고하여 진로를 설계하라

저는 독립적으로 살 수 있는 5가지 진로의 길이 있다고 저의 책 『커리어 브랜딩』에서 주장했습니다. 그 내용은 다음과 같습니다.

첫째, **전문가의 삶**을 사는 것입니다. 대체 불가능한 기술을 습득해야 합니다. 이러한 기술을 배우기 위해 이직을 끊임없이 검토해야 합니다. 이렇게 사는 젊은 2030 세대를 많이 보았습니다. 전문가(고수)의 예로는 재보험 애널리스트, 데이터 마케터, 커피전문점 점포장, 스타트업 컨설턴트 등을 들 수 있습니다.

둘째, **해외 취업**도 고려해야 합니다. 저는 미국, 일본, 유엔 등 선진국 시장에 진출한 젊은 2030 세대의 이야기를 담았습니다. 동남아시아, 인도, 중앙아시아, 아프리카 등으로 진출한 사례도 많습니다. 한국을 넘어 전 세계를 향해 진출해야 합니다. 어학연수뿐만 아니라 교환학생 프로그램도 좋습니다. 코이카 봉사활동은 지구적 시각을 갖게 하고, 여행이나 워킹홀리데이는 해외에 대한 인식을 바꾸어주는 기회가 됩니다.

셋째, **투잡러 혹은 부업**을 시도하십시오. 우리 세대에는 부업을 권장하지 않았지만, 지금은 유튜버, 쇼핑몰 운영 등 부업이 대세가 되었습니다. 많은 젊은이들이 부업이나 아르바이트를 하고 있습니다. 이제는 부케 전성시대입니다.

넷째, **자기 사업**을 하는 것입니다. 정기적으로 부부 모임을 하는 친구 그룹이 있는데, 지금까지 현역으로 일하고 있습니다. 한 친구는 종로에서 부부가 금 소매상을 운영하고, 또 다른 친구는 요양병원과 방문요양서비스 사업을 합니다. 자기 사업을 하는 사람들은 은퇴가 없고, 삶의 생기가 넘칩니다. 투잡러로 시작해 생활비를 벌며 창업을 준비하는 것도 좋은 방법입니다. 직장생활에서 충분히 경험을 쌓은 후 창업하는 것도 추천합니다.

다섯째, **최소 500만 원 이상의 현금 흐름**을 만들어 조기에 은퇴하는 것입니다. 40대 이전에 열심히 일해 평생 현금 흐름을 만드는 것으로, 이를 '파이어족'이라고 합니다. 연금 부자도 이 모델에 속합니다.

이 책에서 인용된 다양한 진로 사례는 다음과 같은 원칙을 가지고 선정되었습니다.

1. 제가 아는 2030 세대 청년으로 한정했습니다. 제가 모르는 사람의 진로에 관해 쓴다는 것은 설득력이 낮다고 판단했습니다. 인용

된 분들은 저에게 상담을 받았거나, 인터뷰를 통해 직접 들은 이야기를 바탕으로 작성되었습니다. 사실에 근거해 작성되었다는 의미입니다.

2. 여기 인용된 분들은 모두 전문 영역에서 취업 활동을 하거나, 해외에 취업하거나, 직장 생활을 하면서 부업으로 자기 사업을 하는 투잡러, 또는 직장생활을 접고 창업한 분들입니다. 창업을 위해 사업 승계를 준비하는 분들도 포함됩니다.

3. 이분들의 사례를 가능한 읽기 쉽게 편집하였고, 주제에 맞는 정보 중심으로 전달하고자 노력했습니다.

독립을 준비하는 청년들은 선배들의 다양한 진로 모델을 참고하여, 자신의 진로 방향을 설계하기를 권합니다.

<표 5-1> 선배들의 다양한 진로 모델

구분		주요 내용
전문가	(1) 스타트업 컨설턴트	고졸 후 다양한 영업 경험을 활용한 진로 선택
	(2) 커피전문점 점포장	북한산 커피전문점 책임자가 된 생명공학 전공자
	(3) 마케팅 분석가	여러 번의 이직을 통한 대기업으로 진출 시도
	(4) 재보험 애널리스트	조사 전문가의 영업 부서로의 이동 요청 고민
해외 취업	(5) IT H/W 전문가	미국기업, MS 취업자 이야기
부업	(6) 투잡러 1	<글로벌 유통 기업 + 행사 에이전시 사업>
	(7) 투잡러 2	<통역사 일 + 쇼핑몰 운영>

자기 사업 (창업)	(8) 방수사업	방수사업을 준비하는 청년과의 인터뷰
	(9) 젊은 창업가	자기가 만든 창업회사 매각하고 팀장이 된 사연
	(10) 소상공인 창업자	자동차 영업직원이 샤브샤브 매장을 창업한 이야기

(1) 전문가로 진로 설정한 사례

① 백화점 신사복 영업에서 스타트업 컨설틴트로 전환한 청년

이 청년은 2022년 말부터 2023년 초까지 제가 도와주었던 사람으로, 자소서 작성과 면접 준비를 도와주면서 그의 여러 장점을 발견할 수 있었습니다.

첫 번째로 주목한 점은 고등학교 졸업 후 동대문에서 옷 장사를 했다는 사실입니다. 친한 누나가 대표이사 겸 디자이너로 일하는 동안, 그는 마케팅과 판매에 주력했습니다. 여성 의류 판매로 큰 성공을 거두었으나, 남성 의류 시장에 진출하면서 큰 실패를 겪었습니다.

두 번째로 주목한 점은 군대 제대 후 백화점 신사복 판매 사원으로 일했다는 부분입니다. 그는 백화점 매장에서 1~2등을 다툴 정도로 우수한 영업사원이 되었습니다. 이 경험을 토대로 금융업으로 전직하여 은행 대출 사원으로서도 큰 두각을 나타냈습니다. 영업 성과가 뛰어나 많은 성과급을 받았고, 이는 그가 세일즈 분야의 전문가로 성장할 가능성을 보여주었습니다.

세 번째로 이 청년은 대학을 학점제 은행으로 선택하여 남는 시간에 공부해 졸업했습니다. 저는 그가 굳이 대학에 가지 않고 사회에 먼저 진출하는 모습이 멋지다고 생각했습니다. 비록 자기 사업에서 실패했지만, 그 경험도 좋은 자산이 되었습니다. 저는 이러한 점들을 자소서에 잘 녹여내도록 조언했습니다.

마지막으로 주목한 것은 은행에서 다른 금융기관으로 이직하기 위해 6개월간 공부하여 6개의 자격증을 딴 사실입니다. 이 자격증들은 만만치 않은 것들이었지만, 그는 단기간에 모두 합격하여 실력을 입증했습니다. 이러한 내용을 자소서에 강조하도록 충고했습니다.

그는 여러 금융기관에 지원했지만, 정식 대학을 나오지 않아서인지 면접 요청을 받지 못하는 경우가 많았습니다. 그러다가 스타트업을 지원하는 컨설팅 회사에 합격했다는 소식을 들었습니다. 저는 오히려 잘된 일이라고 생각했습니다. 스타트업을 도와주는 일은 은행 대출, 투자 등 다양한 자금 조달 방법을 알게 해주어 훨씬 폭넓은 경험을 쌓을 수 있습니다. 그는 입사한 지 얼마 되지 않았지만 동기들 중에서 가장 앞서 나가고 있다고 합니다.

현재 그는 회사에 다니면서 대학원 공부를 통해 학력 부족 부분을 보완하려고 합니다. 먼저 사회에 진출하여 진로를 결정한 후 공부하는 진로 모델을 따르고 있습니다. 이 같은 진로 설계는 사회 경험을 누구보다 먼저 시작해 또래 친구들보다 빠르게 사회에 적응할 수 있다는 장점이 있습니다.

② 북한산 커피전문점 책임자가 된 생명공학 전공자

생명공학을 전공했음에도 대형 프랜차이즈 커피전문점의 책임자로 일하고 있는 지인의 이야기를 소개합니다. 그가 매장 책임자로 일하는 북한산 지점은 100평의 넓은 주차장과 5층 건물의 대형 커피전문점으로, 그 규모에 매우 놀랐습니다. 이곳은 단순한 동네 커피숍이 아니었습니다.

저는 어떻게 생명공학 전공자가 전혀 다른 분야인 커피를 선택하게 되었는지 궁금했습니다.

"생명공학 전공자가 어떻게 커피 분야를 선택하게 되었나요?"

"동료 친구들은 대부분 연구원으로 취업합니다. 그러나 저는 연구원보다는 보다 활동적인 일을 하고 싶었습니다."

"왜 굳이 커피전문점을 선택했나요?"

"일본에 놀러 갔다가 한 장인이 만든 커피를 만나게 됐습니다. 그게 동기가 되었죠. 그래서 약 1년간 커피에 심취해 열심히 공부했습니다."

"제가 보기에 이제 30세 초반인데, 어떻게 이렇게 큰 점포의 책임자가 되었나요?"

"사장님 눈에 들었기 때문입니다. 저도 처음에는 매장에서 커피 나르는 일부터 시작했습니다. 대학생 아르바이트처럼 말입니다." 그는 매장에서 커피와 빵, 디저트를 배우고 연구했다고 합니다.

"이과 체질이라 그런지 새로운 제품 개발 관련 보고서를 열심히 썼습니다. 이 부분 때문에 대표님에게 주목받아 지금의 자리에 오르게 된 것 같습니다. 특히 경쟁사 커피전문점에 가서 동향 파악을 하고 그것에 대한 대응 보고서를 작성하기도 합니다. 출퇴근 시간은 따로 없습니다. 쉬는 날은 있죠." 그의 말을 들으며, 저는 그가 직원이라기보다는 공동 창업자 같은 인상을 받았습니다.

"향후 진로는 무엇인가요?" 저는 뭔가 다른 꿈이 있을 것 같아 질문했습니다.

"여기 사장님과 함께 회사를 키워보고, 나중에는 제 사업을 하려고 합니다." 역시 제 예상이 맞았습니다. 그는 일반 직장인의 마인드가 아니었습니다.

인터뷰 내내 저는 '이런 젊은이도 있구나' 하는 생각이 들었습니다. 그에게서 제 시대의 동료 같은 느낌을 받았습니다. 저희 때도 밤낮없이 일했던 시절이 있었습니다. 이 친구도 열심히 일한다고 합니다. 그래서 사장님이 모닝이라는 소형차를 사 주었고, 그 차로 출퇴근하고 있습니다. 회사의 배려를 받고 있는 것입니다.

두 번째로 인상 깊었던 점은 전공을 바꾼 결단입니다. 이 결단은 멋있었고 동시에 위험해 보이기도 했습니다. 결과만 보면 잘한 선택이지만 말입니다. 30대 초에 이렇게 큰 커피전문점 책임자로 일한다는 것은 많은 경험과 지식을 쌓을 좋은 기회입니다. 돈으로 살 수 없는 경험입니다. 앞으로 어떤 모습으로 변신할지 매우 궁금합니다.

인생이라는 진로에서 일반적인 선택과 결정을 넘어, 커피라는 운명과 같은 만남을 통해 새로운 인생을 살아가는 그의 모습이 보기 좋았습니다.

이 젊은이가 책임자로 있는 북한산 커피전문점의 2층은 전체 산을 한눈에 볼 수 있는 멋진 장소입니다. 제가 방문했을 때는 사람들로 가득 차 빈자리가 하나도 없었습니다. 이곳은 뷰 맛집으로 유명합니다. 점포가 워낙 커서 '과연 이윤이 남을까'라는 생각도 들었지만, 주말에는 자리가 없을 정도로 만석이라고 합니다.

보통 대학을 졸업하면 자신의 전공을 살려 취업하는 것이 일반적입니다. 하지만 이 친구는 커피 전문가로 변신하여 미래를 대비하는 모습이 매우 인상적이었습니다. 여러분도 이런 운명적 만남이 왔을 때, 지혜롭게 의사결정을 하길 기대합니다.

③ 여러 번의 스타트업 취업 경험을 바탕으로 대기업 이직 시도

오래전에 제가 자기소개서와 모의 면접을 도와주었을 때, 저에게 보여준 자소서가 상당한 수준의 내용을 담고 있어 놀라웠던 친구의 사례가 있습니다. 그 자소서는 거의 고칠 필요가 없을 정도로 완벽했습니다. 자소서를 잘 쓰는 학생은 면접도 잘 보기 마련인데, 예상대로 그는 단번에 합격했습니다. 그가 합격한 회사는 건물에 예술품을 설치할 때, 이를 연결하는 일을 하는 곳이었습니다.

입사한 지 1년도 되지 않아서 그는 다른 회사로 이직 준비를 하게 되었습니다. 대표가 경영 관리와 관련된 일로 뽑았지만, 실제로는 총무와 허드렛일만 시키는 바람에 스타트업으로의 이직을 준비하고 있었습니다. 저는 "이직을 하더라도 우선 갈 회사가 정해지면 그때 옮기라"고 조언했습니다.

그 후 그는 '요기요'의 자회사로 다시 취업했지만, 일하던 사업부가 갑자기 폐쇄되는 바람에 실업자가 되었습니다. 본인의 잘못은 아니었지만, 그는 큰 정신적 충격을 받았습니다. 너무 의기소침해하고 있어서 저는 "실업급여를 받으면서 천천히 새로운 진로를 고민하자"고 위로해 주었습니다.

다행히 전 직장의 선배 추천으로 등산 관련 의류와 산악 장비를 만드는 중견기업으로 이직했습니다. 월급도 상당히 인상되어 저는 매우 기뻤습니다. 저는 그에게 "최소 3년 정도 근무해야 경력에 도움이 되니 앞으로는 신중하게 처신하라"고 조언했습니다.

이곳에서 그는 본격적으로 다양한 전산 프로그램을 공부하기 시작했습니다. IT 직원이 하던 일을 SQL이라는 데이터 분석 기법을 공부하여 스스로 처리하기 시작했습니다. 이것이 그가 전문적인 분야로 나아가는 첫걸음이 되었습니다.

현재 그는 IT 직원 구직을 도와주는 플랫폼 회사로 한 번 더 이직했습니다. 이렇게 이직할 수 있었던 것은 마케팅 데이터 분석 공부를 해서 현업에 적용한 경험 덕분입니다. 현재 급여보다 15% 정도 높은 조건으로 일하고 있습니다.

저는 그를 볼 때마다 더 나은 공부와 지식을 얻기 위해 이직하는 사례로서 가장 적합하다고 생각합니다. 처음부터 대기업에 갈 수는 없습니다. 그는 기대 수준을 낮추고 스타트업부터 시작했습니다. 여러 회사를 다니면서 전문적인 경험을 차곡차곡 쌓으며 그 분야의 대체 불가한 인재가 되었습니다.

현재 그는 전략기획팀에서 회사 전반에 관한 데이터를 분석하고 있습니다. 최근 만났을 때 그는 요즘 대기업에서 뽑는 비즈니스 분석 전문가(사업 데이터 분석)라는 분야에 대해 제게 조언을 구했습니다. 저는 그에게 "무조건 이직하세요"라고 말했습니다. "데이터도 다룰 줄 알고 기획력을 갖춘 사람은 흔치 않아요. 특히, 경력이 6년이나 되었고 지금 나이에 이동하는 것이 뽑는 사람에게 매우 매력적이에요."라고 덧붙였습니다.

현재 경기가 안 좋아 회사가 어려운 상황이기에, 이제 본인의 실력을 인정해 줄 곳으로 도전할 때라고 조언했습니다. 전문가가 되기 위한 노력은 도전과 이직의 연속입니다.

④ 보험사 영업직원에서 재보험 평가 애널리스트로 변신한 청년의 고민

제가 만난 당시, 이 친구는 보험 자격증 공부를 시작한 지 거의 1년이 지난 상태였습니다. 대학에서는 환경공학을 전공했으며, 1년은 중국에서 교환학생으로, 6개월은 외국계 손해보험사에서 인턴으로 학교생활을 마무리했습니다. 그사이 군대도 다녀왔습니다.

졸업 후 1년은 그가 하고 싶었던 작곡, 작사뿐만 아니라 편곡과 엔지니어 등 음악 관련 일을 하며 보냈습니다. 이후 국내 손해보험사에 취업하여 약 2년간 근무했습니다. 그는 대기업 취업을 준비하며 자기소개서에 대한 조언을 요청했습니다.

"고민이 하나 있습니다. 제가 음악에 빠져 1년간 경력 공백기가 있습니다. 혹시 이것이 취업에 걸림돌이 될까요?"

공백기는 취업 상담 시 매우 중요한 핵심 테마입니다. 인사부 담당자는 서류를 검토할 때 경력 공백기를 유심히 살핍니다. 이러한 공백기에 무슨 일을 했는지 반드시 물어보고 확인합니다.

저도 이 질문을 받고 바로 답변하지 못했습니다. 하루 동안 곰곰이 생각한 후, 두 번째 만남에서 몇 가지 질문을 하면서 답변을 주었습니다.

"구체적으로 몇 곡을 만들었나요?"
"5곡을 만들었습니다."
"그중 실제 음원까지 발매한 것은 몇 곡인가요?"
"3곡입니다."

"제가 음원에 관한 프로세스를 잘 모르는데, 그 과정을 설명해 줄 수 있나요?"
"작곡과 작사한다고 끝나는 것이 아니라, 편곡도 해야 하고 엔지니어 활동도 필요합니다. 저는 그 모든 것을 스스로 배워서, 제가 북 치고 장구 치고 다 했습니다. 그것이 끝이 아닙니다. 마케팅도 해야 합니다. 제가 만든 곡을 팔아야 하니까요. 유통회사를 찾아다니며 영업도 해야 했습니다."

"그래요. 그러면, 1인 창업이군요. 경력 공백기로 쓰지 말고, 적극적으로 창업이라고 쓰세요."

"예에!!"

그 젊은 청년은 충격을 받은 듯했지만, 곧이어 좋아하고 만족해했습니다.

그 후 그는 여러 번의 면접을 보았습니다. 그때마다 본인이 창업한 이야기에 대해 많이 물었다고 하더군요. 1인 창업에 대한 시각이 매우 우호적일 뿐만 아니라, 그의 음악 활동에 대해 면접관들이 대견해했습니다. 서류면접은 쉽게 통과되었고, 몇 개 회사로부터 입사 제의도 받았습니다. 그러던 중 그는 그토록 원하던 '재보험사 애널리스트'로 취업에 성공했습니다.

최근에 이 친구는 조사 부서에서 1년 남짓 근무했는데 영업 부서에서 오라는 요청을 받았다고 합니다. 저는 그에게 이렇게 조언했습니다.

"영업은 과장이나 차장 시절에 하는 것이 좋습니다."
"조사 업무 전문가로서 충분히 경력을 쌓으세요."
"영업은 그 후에 해도 늦지 않습니다."
"조사 분석 업무는 보험업계에서는 꽃입니다."
"최소 4년 이상은 근무해야 합니다."
"가능하면 과장 진급 후에 옮기세요."

저는 이렇게 상담하고 영업 부서의 전입 요청을 무조건 거절하라고 조언했습니다. 조사 분석업무에서 2년도 채 근무 안 하고 다른 부서를 옮기는 것은 경력관리에 전혀 도움이 되지 않기 때문입니다.

나중에 들었지만, 현재도 조사 분석업무를 하고 있으며 추가적인 자격증 공부도 한다고 합니다. 저의 조언에 상당히 공감해주어서 기뻤습니다.

(2) 해외 취업 모델

① **미국기업 MS 취업자 이야기**

제가 만난 이 친구는 지방대학을 졸업한 후 중소기업 IT 전문직으로 첫 사회생활을 시작했습니다. 저와는 대학 진학 관련 문제로 만났습니다. 그는 어릴 적부터 게임을 좋아하며 직접 프로그램을 만들어 간단한 게임을 제작하기도 했던 인재였습니다.

지방대학 출신이기 때문에 처음부터 대기업에 지원하지 않았지만, 유망한 중소기업에서 입사 기회를 잡게 되었습니다. 미국 LA 지사로 발령을 받아 근무하다가 현재는 미국에서 안정적으로 살아가고 있습니다.

저는 그에게 미국에서 일하면서 느꼈던 문화적 차이에 관해 궁금하여 질문하였습니다.

"한국 사람이 미국 회사에서 잘 적응하고 있나요?"

"한국 사람들이 일을 빨리하고 빠릿빠릿해서 미국 상사들이 매우 좋아해요."

"그러셨군요. 본인도 미국 문화에 잘 적응하셨나요?"

"예, 잘 적응했습니다."

미국은 학벌보다 실력을 중시한다고 합니다. 특히 IT분야는 더 그러하다고 합니다. 그는 지방대학 출신이었지만 중간에 몇 차례 기업을 이직하며 경력을 쌓은 후 현재는 MS에서 하드웨어 유지보수 업무를 맡고 있습니다.

미국에 건너와서도 처음부터 MS에 취업한 것이 아니라, 다양한 경험을 통해 실력을 쌓고 나서 입사했다고 합니다. 한국이든 미국이든 처음부터 대기업에 취업하는 것은 결코 쉽지 않은 것 같습니다.

그 어떤 사람도 처음부터 유능한 직원으로 성장할 수는 없습니다. 실력을 쌓고 그 경험을 잘 축적하면 그다음에 길이 열리듯이 이직을 통해서 실력을 갖추는 방법 말고 더 나은 방법은 없습니다.

언어 문제는 큰 걸림돌이 아니라고 합니다. 미국 발령 전에 조금 미리 준비했고, 현지에 가서 직접 사람과 부딪치면서 영어를 익혔으며, 본인 일 자체가 하드웨어 유지 보수라 언어 장벽이 그다지 크지 않았다고 합니다.

저의 지인 중에도 미국으로 박사학위를 따러 갔다가 정착하여 취업한 경우나, 현대 자동차를 다니다가 캐나다로 이민 가 GM이라는 자동차 회사에 취업한 사례, 또는 서부 시애틀에 있는 스타트업에 프로그래머로 취업한 사례 등 요즘에는 다양한 형태로 해외 취업에 성공한 사례를 자주 접하게 됩니다. 제 아들 역시 유학을 갔다가 미국 회계법인에 취업하게 되었고 현재 잘 정착하여 살고 있습니다.

이제 바야흐로 국제화 시대가 되었습니다. 해외 취업을 고려하는 것도 큰 의미가 있을 것입니다. 언어가 된다면, 한 번 도전해 보세요.

(3) 투잡러 : 부업 하는 청년

① 유통기업에 다니면서 행사 에이전시 사업을 하는 청년

이 친구는 현재 직장생활 10년 차입니다. 현재 1조 매출을 올리는 유통회사에 다니면서 동시에 오천만 원 이하의 행사를 수주하여 1인 사업을 하는 전문가이기도 합니다.

이 친구는 전 직장에서 '자신이 한 일의 성과'를 알아주지 않아, 저와 상담한 적이 있었습니다. 그때 제가 "회사 모든 사람이 다 알고 있으니 너무 섭섭해하지 말고 열심히 하라"고 격려해 주었습니다. 그 후 현재의 회사로 이직하였고, 행사 에이전시 업무도 부업으로 할 수 있어 매우 신나게 다니고 있습니다.

이렇게 투잡러가 된 것은 현재 속해 있는 회사가 투잡을 권장하고, 겸직을 허용하는 조직 문화이기 때문에 가능했습니다. 처음에는 꽤 충격적이었고 한국에서 이런 회사가 있다는 사실에 의문을 제기하기도 했습니다. 그래서 몇 차례 확인을 거쳤습니다.

"그게 사실이에요? 투잡러를 권장한다고요?"

"네, 저희는 일할 때 외부에서 아웃소싱으로 작업을 맡깁니다. 저는 독립적으로 기획하고 추진하며, 필요한 작업을 외부에 위탁하여 처리합니다. 즉, 소수의 전문 직원으로만 한정하여 인력을 관리합니다. 그 외의 추진 업무는 모두 외부에서 아웃소싱됩니다."

현재는 안산에 본인 사무실을 두고 자기 사업을 운영하고 있습니다. 이처럼 투잡러는 두 가지 일이 모두 잘되면 금상첨화입니다. 만약 하나가 안 되더라도 나머지 일이 뒷받침되기 때문에 생활이 불안정하지 않습니다.

이 친구는 전문대를 나왔지만, 대학과 대학원에서 행사 관리를 전공을 하였고, 끊임없이 지식과 경험을 학습하였습니다. 행사 아르바이트

하면서 담당자들에게 눈에 띄어 좋은 회사에 들어갈 수 있도록 소개해 주었다고 합니다.

현장에서 일을 하다 보면 실력과 가능성을 알아주는 좋은 귀인들을 만나게 됩니다. 그렇게 지금의 자리에 오게 된 것입니다.

② 동시통역과 쇼핑몰을 함께 운영하는 청년

이 친구는 중문학을 전공하고, 대학원에서 외국어 동시통역을 졸업한 경력을 가지고 있습니다. 대학 시절 'West 프로그램'을 통해 미국 공공기관에서 영어 공부와 경험을 쌓기도 했습니다. 어릴 적에는 화교학교에서 공부하다가 중국으로 이민을 가서 한국 대학에 입학할 수 있었습니다. 현재는 한국어, 중국어, 영어를 동시통역할 수 있는 능력을 갖춘 인재입니다.

대학원 졸업하는 해에 코로나가 발생하였습니다. 통역사는 오프라인에서 각종 회의와 콘퍼런스가 있어야 수입이 발생합니다. 옆에서 보는 저도 매우 답답하고 안타까웠지만 어쩔 수 없었습니다.

그 후 먹고 사는 문제를 해결하기 위해 지인이 운영하는 쇼핑몰에 취업하였습니다. 자기 전공 분야와는 전혀 동떨어진 일이었습니다. 저는 사회초년생들에게 강조하는 것이 있습니다. 어떤 분야든 상관없이 영업을 해보라는 것입니다. 자기 스스로 영업해서 매출에 이바지한 경험만큼 더 소중한 것은 인생에 없습니다. 회사의 그 어떤 기능보다 매출에 직접적으로 연관이 있는 업무는 영업과 마케팅만이 유일합니다. 그만큼 영업은 중요합니다.

저는 이 친구를 격려했습니다. 쇼핑몰 운영을 통해 돈을 버는 노하우를 얻기를 기대한다고 말해주었습니다. 쇼핑몰 취업한 지 1년이 지난 어느 날, 그 친구에게 연락이 왔습니다.

"선생님! 저예요."
"웬일이세요."
"1인 쇼핑몰을 창업하려고 합니다."
"그래. 정말 잘된 일이네요."

그런데 어쩐지 그의 목소리가 어둡게 들렸습니다. 말 못 할 사정이 있는듯했습니다. 쇼핑몰을 창업하겠다는 젊은 청년의 목소리가 밝지 않은 이유를 설명해 보겠습니다.

이 친구는 지인 쇼핑몰에서 초대박 상품을 기획하고 개발하여 상당한 수익을 발생시켰다고 합니다. 그러나 성과에 대한 금전적인 보상은 없었다고 합니다. 너무 실망한 눈치였습니다.
"남도 이 정도 성과를 내면 새로운 제안을 하던가, 아니면 일정 부분 성과를 공유하는 것이 인지상정일 텐데."라며 공감을 표시하였습니다.

그 지인과 빨리 결별하고, 별도로 독립하여 새로운 제품을 개발하라고 조언하였습니다. 그는 이미 그럴 생각이라고 말했습니다. 시간을 끌 필요 없이 즉시 행동하도록 권장했습니다.

"잘되면 사달이 납니다."
"사전 계약된 이익을 안 주는 일이 발생합니다."
"계약서를 써도 마찬가지입니다. 차일피일 미루는 경우가 많습니다."
"좋은 사회 경험이라고 생각하세요."

그 후에 들은 이야기를 정리합니다.

주간에는 중소기업의 계약직으로 통역하는 일을 하면서, 야간과 주말에는 쇼핑몰을 운영하는 '투잡러'가 되었습니다. 포장하고 배송하는 업무는 부모님의 도움을 받아 진행합니다.

본인이 직접 중국 친구들을 통해 납품업체와 계약을 하고, 인천 항구에 도착한 물건은 대구 근방의 물류창고로 이동하는 일도 합니다. 결별한 지인을 통해 이 모든 것을 배운 것입니다. 대우나 성과는 기대에 못 미쳤지만 보이지 않은 노하우는 많이 배운 듯합니다.

최근 소식에 의하면 통역사들의 꿈의 직장인 우리나라 최대의 온라인 판매회사에 취업했다고 합니다. 재택근무여서 나중에 결혼해서도 다닐 수 있는 장점이 있다고 합니다. 최소한 10년 이상 근무하여서 연금 받을 수 있을 때까지 다니라고 덕담하였습니다.

처음부터 꿈의 직장에 취업할 수 없습니다. 무조건 어디든 들어가서 경력을 쌓아야 길이 열립니다. 쇼핑몰 사업은 동생에게 일임하고 당분간 새로 취업한 회사 일에 집중할 계획이라고 합니다. 창업과 취업 두 마리 토끼를 잡은 것입니다.

(4) 자기 사업을 시도하는 청년들

① **방수사업을 인수·인계받아 자기 사업을 준비하는 청년**

아버님의 친구가 운영하는 방수 회사를 승계하기 위해 저와의 상담을 요청한 청년의 사례입니다. 이 청년은 디자인을 전공했으며, 인테리어 회사와 광고 마케팅 회사를 거쳤습니다.

저는 이 청년에게 회사를 잘 다니고 있었음에도 방수사업을 승계하기 위해 이직한 것이 잘한 선택이라고 격려해주었습니다. 자기 사업을 한다는 것은 평생 현역으로 일할 수 있기 때문입니다. 과연 이 친구가 지금까지도 자신의 선택에 후회가 없는지 궁금했습니다.

"1년 정도 지났는데 적응 잘하고 있나요?"
"네, 급여 등 근무 여건 등이 좋습니다. 보통 8시 30분에 출근하고

5시 30분에 퇴근합니다. 야근도 없습니다."

"계절적인 요인이 있을 텐데, 겨울에는 뭐하나요?"
"주로 세미나에 참여하거나 방수기능사와 환경기능사 자격증 공부를 하고, 시간이 날 때마다 건축 공부도 합니다. 건축 지식이 방수 영업에 매우 중요하기 때문입니다."
"그렇군요. 다행입니다."

"최근에 아파트 공개 입찰에서 7천만 원짜리 계약을 따내게 되었습니다."
"와우. 축하합니다."

"경쟁사들보다 가격이 비쌌지만, 저희 회사의 기술력과 신뢰성을 강조하여 계약을 따냈습니다. 사장님이 처음에는 안 될 것 같다고 했지만, 제 설득이 효과를 보았다며 칭찬해 주셨습니다."

"정말 잘된 일입니다. 아주 많이 축하해요."

저는 이 인터뷰 중에 더욱 놀라운 사실을 발견했습니다. 청년이 사장님에게 5년 후에 사업을 인수하게 되면, 사장님이 은퇴할 때까지 일정 부분의 수익을 연금처럼 지급하겠다고 제안했다는 것입니다.

아마도 월 300만 원 정도는 될 거라고 합니다. 사업하다 보면 어려운 일이 생기기도 하고, 영업이 필요할 때가 발생할 수 있으니 위험 대비 차원으로서도 지혜로운 제안입니다.

1년 만에 독자적으로 영업하여서, 큰 규모는 아니더라도 7천만 원 정도의 계약을 체결한 것이 제일 고무적입니다. 소규모는 넘어 중규모 수준은 된다고 합니다. 저하고 인터뷰하는 내내 회사 다닐 때보다 목소리가 힘차 보였고, 자기 사업을 준비한다고 생각하니 내적 동기가 부여되는 것 같았습니다.

그렇습니다. 자기 사업을 하는 사람은 사업만 잘되면 너무 좋은 일입니다. 방수사업에서 성공하려면 지속적으로 기술개발을 해야 하며 해외 동향을 파악하며 연구해야 합니다. 다행히 어린 시절의 유학 경험으로 영어는 좀 한다고 합니다. 아마도 현재 사장님이 이 사업을 친구의 아들에게 넘기고 싶어하는 이유도 그의 영어 실력 때문인 것 같습니다.

역시 자기 사업해서 돈을 버는 훈련을 하면, 정년 이후 삶도 더욱 의미 있고 활기 있게 살아갈 수 있으리라는 확신이 듭니다.

② 자기가 만든 창업회사 매각하고 팀장이 된 사연
이번 사례는 저의 두 번째 책을 통해 창업 성공 스토리에 대한 인터뷰를 하던 중 만났던 젊은 스타트업 대표의 이야기입니다. 이분은

창업 1년 반 만에 해당 기업을 매각하고, 매각된 회사에서 다시 기획팀장으로서 근무하고 있습니다.

"언제 창업하셨어요?"
"대학 3학년, 24살 때 창업을 시작했습니다."

"창업 아이템은 무엇이었나요?"
"특정 의료 직군의 폐쇄형 커뮤니티를 운영하는 것이었습니다."

"팀장님은 어떻게 이런 아이템으로 창업하게 되었나요?"
"아버님이 의료 관련 직종에 종사하신 덕분에 남들보다 치과 시장에 대한 깊은 이해를 가지고 있었습니다."

자신만의 전문 지식을 사업 아이템으로 선택한 것이었습니다. 저는 회사 매각 관련하여 본격적인 질문을 하였습니다.

"1년 반 만에 매각(Exit)을 하게 되는데 그 이유가 궁금합니다."
"같은 업계의 비슷한 스타트업을 알게 되었습니다. 그 회사는 매우 빠른 속도로 성장하였고, 비슷한 시장에서 더욱 가파른 성장을 위해 인수합병(M&A) 제안을 받았습니다."
(이런 방식의 매각 방식은 흔하지 않지만 종종 보는 사례입니다.)

"현재 인수한 모회사는 어떤 회사인가요?"

"인수한 모회사는 현재 매출이 100억 이상이며, 시리즈B 단계에서 빠르게 성장하고 있는 회사입니다."

현재 본인은 창업한 플랫폼을 지속해서 활성화하는 기획팀장으로 일하고 있다고 합니다.

이 분은 창업 당시 저의 책, 『2030 창업길라잡이』의 도움을 많이 받았다고 전해주었습니다. 24살의 젊은 청년이 창업하기에는 모르는 것이 많았기에 제 책이 스타트업 창업 입문서로서 시장 전반의 생태계를 이해하는 데 큰 도움이 되었다고 합니다. 내심 마음이 기뻤습니다.

향후 어떤 계획이 있는지 미래에 대한 전망을 물었습니다.

"기회가 된다면 1년 반 정도 남은 대학생활을 마무리하고, 열심히 현재 회사에서 일하고 싶습니다. 그리고 언제가 다시 창업하여 1조 이상의 스타트업 '유니콘'을 만들고 싶습니다."

이처럼 젊은 나이에 자신이 잘 아는 분야에서 창업을 시도한 사례는 자기 사업을 진로 모델로 설정한 분들에게 좋은 모범사례가 될 것입니다.

그 후 몇 번의 만남을 통해 현재 상황을 물었습니다. 그는 시스템 기획을 담당하고 있으며 전산 개발 절차를 매우 실무적으로 설명해 주었습니다. 그 설명을 들으니 전문가 다운 향기가 느껴졌습니다.

학교를 중퇴하면서 창업한 젊은 친구의 사례를 보면서 "창업은 언제가 적정한 때인가?"라는 생각이 무의미해지고, 언제든지 자신이 잘 아는 분야에서 도전해 보는 것이 중요하다는 생각을 하게 되었습니다.

③ 자동차 영업직원이 샤브샤브 매장을 창업한 이야기

제가 이 친구를 처음 만나게 된 계기는 현대차 생산직 선발 시험 준비를 위한 부탁 때문이었습니다. 고등학교를 졸업한 후 외제차 딜러로서 차 판매에 두각을 나타냈던 친구였습니다. 영업 실적이 우수하여 상위 3% 안에 들었고, 유튜브 동영상을 활용한 마케팅으로 큰 성과를 거두었던 젊은이였습니다.

하지만 최근 3년간 고금리가 지속되면서 자동차 판매가 어려워지자 현대차 생산직에 지원하게 되었습니다. 자기소개서 작성과 면접 등을 도와주었으나 결과적으로 취업에는 실패하였습니다.

저는 이 과정에서 그의 영업 능력과 비결에 대해 궁금증이 생겨 여러 차례 질문을 하게 되었습니다. 그의 고객 확보 방법은 찾아오는 고객을 대상으로 하는 것이 아니라 직접 고객을 발굴하는 방식이었습니다. 스스로 유튜브 영상을 기획, 촬영, 편집하여 제작하고 그 결과로 고객을 확보했다고 합니다.

이런 방식으로 고객이 확보되었고 최상위 자동차 영업 성공에 기반이 되었습니다. 일단 고객이 확보되면 그 고객이 새로운 고객을 다시 소개해줌으로써 영업 범위가 확대되었습니다. 그 확보된 고객들에게 고가의 외제차를 금융 대출과 연계하여, 일반적인 영업사원보다 더 높은 성과를 거두었습니다.

그러나 코로나 이후 3년간 금리가 오르는 상황에서 대출과 연계한 영업이 다시 어려워짐에 따라 새로운 길을 모색하게 되었습니다. 최근 소식에 의하면 동탄 근처에서 샤브샤브 집을 창업했다는 소식을 들었습니다.

준비하는 과정에서 1년간의 매출액 분석과 홀 관리와 서빙 등을 배우느라 한동안 고생했다고 합니다. 고가의 자동차 영업 경험, 몸에 밴 매너와 친절한 태도가 장사하는 데 큰 몫을 했다고 합니다. 젊은 시절 어렵게 배운 영업이 자기 사업에 밑거름이 될 줄 본인도 몰랐다고 합니다.

그분이 했던 자동차 영업이 다른 영업에 비해 쉬운 길이 아닙니다. 대출과 연계한 고가의 자동차 판매라는 특수한 영업을 통해 성과를 냈기 때문에 남다른 고생이 더 있었을 겁니다. 이러한 영업 덕분에 1년도

안 되어서 매장이 안정되었다고 합니다.

 대학에 가지 않고 영업과 소상공인 창업을 통해서 이른 나이에 생활이 안정되는 것을 보면서, 아무 생각 없이 대학에 가는 것보다 빨리 사회에 진출하는 것도 하나의 대안이 될 수 있다는 생각이 들었습니다.

 이 친구는 첫인상이 매우 좋았습니다. 훤칠한 키와 활기 넘치는 외모, 친절한 대화력 등을 보면서 왜 상위 3%의 영업사원이 되었는지 금방 알 수 있었습니다. 이러한 부분들도 그를 샤브샤브 창업의 성공 비결로 이끌었던 것 같습니다.

 저는 고등학교를 졸업한 후 영업사원이 된 분, 직업군인이 된 분, 과일을 판매하는 젊은이 등 다양한 사람들을 만나봤습니다. 이들은 모두 공부에는 큰 흥미가 없어 보였지만, 각자의 장점을 활용해 특별한 경로를 개척하고 있었습니다. 그 모습을 보며 저는 큰 자부심을 느꼈습니다.

 이제 우리는 모두 대학에 진학하는 것이 아니라, 특성화 고등학교를 통해 혹은 다른 방식으로 사회에 일찍 진출하는 모델을 만들어 나가야 할 때입니다. 현실적으로 대학 졸업으로 취업이 보장되지 않는 시대이기 때문입니다.

저는 이처럼 독특한 경로로 성공을 거두는 젊은 이들을 항상 응원하고 있습니다. 그들의 성공이 고등학교를 졸업하고 자기 사업을 하려는 후배들에게 좋은 영감과 모델이 되기를 바랍니다. 앞으로도 이런 훌륭한 사례들이 많이 나타나길 기대하며, 그들을 통해 인생에는 다양한 진로가 있다는 사실이 명확히 입증되기를 기대합니다.

◆ 요약 ◆

이번 장은 진로에 관한 내용을 담고 있습니다.

여기 서술된 청년들의 사례는 자기소개서와 면접 등 진로에 관해 실제로 저와 상담을 진행했던 분들의 이야기를 현실성 있게 담았습니다.

저는 크게 4개 분야를 나누어서 설명합니다.

1) 전문가의 삶
2) 해외 취업
3) 투잡러로서 부업 하는 삶
4) 자기 사업

전문가로 소개한 직업으로는 스타트업 컨설턴트, 커피 전문점 점장, 마케팅 분석가, 재보험 애널리스트 등이 있습니다. 해외 취업 사례로는 미국 기업 Microsoft에 취업한 사례를, 부업으로는 쇼핑몰 운영과 회의 주관 사업을 하는 젊은이를 취재했습니다. 자기 사업으로는 방수 사업과 스타트업 창업 등 소상공인을 경험 한 사례를 조사했습니다.

이런 다양한 진로 사례를 통해 자신과 공감되는 진로를 선택하고 설계하길 바랍니다.

◆ 이해문제

1 진로에는 다섯 가지 방향이 있습니다. 그것을 적어보세요.

2 선배들의 사례 10가지 중 어떤 모델이 마음에 드는지 찾아보세요. 그 이유는 무엇인가요?

3 진로의 방향은 나이에 따라 달라질 수 있습니다. 예를 들어 20~30대에는 전문가의 삶을 살다가, 40대에는 부업을 하고, 50대 이후에는 자기 사업을 할 수 있습니다. 각자 인생 단계별로 진로 방향을 설계해 보십시오.

4 진로 방향을 정했더라도 자기 뜻대로 안 되는 일도 있습니다. 왜 그럴까요. 원하는 대로 일이 안 풀리면 어떻게 할 생각입니까? 다른 친구들과 한번 토론해 보세요.

5 자기 사업을 하는 것을 젊었을 때 하는 것이 맞습니까? 아니면 사회생활을 충분히 하고 40대 이후에 창업하는 것이 좋습니까? 어떤 의견인지 본인의 생각을 정하고, 그 이유를 말해 보세요.

THE FORMULA FOR CAREER SUCCESS

3부

진로의 실천과 적용 : 취업, 이직, 창업

가을 수락산에는 겨울을 준비하는 단풍이 서서히 들기 시작합니다. 사람들은 단풍 구경 간다고 산으로 놀러 가는 계절입니다.

농부들에게 가을은 수확하는 시기입니다. 추석도 이 시기에 끼어 있어, 한 해의 수확을 기념하기도 합니다. 친척들이 모이고, 만나고, 먹고, 이야기 나누는 한국 최대 명절이 가을에 위치해 있습니다.

가을은 농부에게는 곡식을 추수하는 계절로 풍요로운 느낌을 줍니다. 인생의 가을은 30여 년간 직장생활을 마무리하고, 자신의 삶을 일차로 결산하는 시기이기도 합니다. 어떤 분들은 의미 있는 성과를 내어서 기분 좋게 은퇴하는 분도 있는 반면에 부족한 분들은 마음이 힘들기도 합니다.

3부에서는 제가 집필한 3권의 책 내용 중 취업, 부업과 창업에 관한 핵심 내용을 뽑아 정리하였습니다. 사례나 내용이 간혹 중복되더라도 양해 부탁 드립니다.

취업에 필요한 자기소개서, 이직 시 필요한 경력 기술서, 자기 사업을 시작할 때 필요한 사업 계획서는 초안 작성이 매우 중요합니다. 처음에 완성하기까지 힘들지만, 한 번 작성하고 나면 그 이후로는 조금씩 수정과 보완을 거쳐 최종안을 쉽게 완성할 수 있습니다.

두 번째로, 성공적인 동료들의 자료를 참고하면 의외로 문서를 빨리 작성할 수 있습니다. 저는 젊은 친구들의 입사, 이직, 창업 등을 돕는 과정에서 얻은 '합격한 서류'가 매우 유용했습니다. 이 자료들은 나중에 후배들에게 벤치마킹 자료로 재사용되어, 취업, 이직, 자기 사업에 큰 도움이 되었습니다.

이러한 작업들은 주로 진로 실현에 필요한 스킬과 관련되어 있습니다. 이런 스킬들은 많은 훈련과 노력이 필요하며, 스스로 익혀나가야 합니다.

인생의 가을에 저의 삶을 되돌아보면, 회사 일에 전념하면서 가정을 이루고 자식들을 키우느라 정신없었던 시기였습니다. 한마디로 많은 일들이 한꺼번에 몰아쳤던 시간이었습니다. 이 시기에 취업과 부업, 혹은 이직과 창업 등 다양한 진로를 고민하였습니다.

이에 관한 이야기를 3부에서 차근차근 다루어 보려고 합니다.

06

자기소개서의 기초는
핵심 역량과 자기 경험이다

스티브 잡스의 2005년 미국 스탠퍼드대 졸업식 축사는 유명합니다. "자신이 좋아하는 일을 찾으세요. 성공하는 유일한 방법은 자신이 사랑하는 일을 하는 것입니다. 아직 좋아하는 일을 찾지 못했다면 계속 찾아야 합니다. 안주하지 마세요."라고 말하였습니다.

맞습니다. 좋아하는 일을 하면 열정이 생기고, 그 일에 더 열중하게 되며, 결국 능력이 향상되고 성과도 나타나게 됩니다. 자신이 좋아하는 일을 하면 그것이 자연스럽게 잘하는 일로 이어집니다. 이는 이상적인 성공 방정식 중 하나입니다.

취업을 준비하는 학생에게도 적용이 될까요? 사람을 구하는 회사 차원에서 살펴보아야 합니다. 그들은 자기 회사에 필요한 능력을 갖춘, 일을 잘하는 사람을 선택합니다. 그러기 때문에 회사에 들어가려 하는 사람은 남들보다 뛰어난 역량과 능력을 가지고 있어야 합니다. 자기가 선호하고 좋아하는 일이 아니라, 자신이 잘하는 일을 통해 직업을 선택해야만 합니다.

그것이 취업 세계에 사는 사람들의 관점입니다.

<u>(1) 취업에 필요한 핵심 역량</u>

아래 표는 취업에 필요한 모든 핵심 역량을 총망라한 것입니다.

<표 6-1> 핵심 역량

구분			주요 내용	
업무 역량	업무 기초 역량		① 집중 능력	② 전문화 능력
			③ 마무리 능력	
	직군 역량	기획직군	④ 창의 능력	⑤ 문제해결 능력
		관리직군	⑥ 빠른 대응 능력	⑦ 업무분석 능력
		전문직군	⑧ 고객(선행부서)니즈 파악과 대응 능력	
	목표 달성 역량		⑨ 성과창출 능력	⑩ 업무분장 능력
			⑪ 인사고과 능력	⑫ 위험관리 능력
	소통 역량		⑬ 목표정렬 능력	⑭ 보고서 작성 능력
			⑮ 보고와 발표 능력	⑯ 경청 능력
	통찰 역량		⑰ 일에 대한 통찰 능력	⑱ 사람에 대한 통찰 능력
관계 역량			① 자원제공 능력	② 관계 개선 능력
			③ 칭찬과 격려 능력	④ 동료관계 능력
			⑤ 지시수용 능력	⑥ 상사존중 능력
태도 역량 (인성)			① 정직	② 신뢰
			③ 겸손	④ 성실
			⑤ 자기관리(쉼)	⑥ 자기관리(건강)

회사에서 요구하는 역량은 업무역량 18개, 관계역량 6개, 태도역량

6개 등을 포함하여 총 30개에 달합니다. 우선 업무역량에 관한 설명입니다. 일 잘하는 방법에 관한 내용입니다. 업무역량에는 18개의 능력으로 구성됩니다.

첫째는 업무에 기초가 되는 역량으로서 1번인 집중 능력, 2번 전문화 능력, 3번 마무리 능력은 업무 프로세스의 처음과 끝에 해당합니다. 일을 처음 대할 때의 마음가짐은 집중하는 것이고, 일의 끝은 마무리 능력입니다. 그 과정에서 나에게 맞는 업무를 발견하면, 그 일을 전문화해야 한다는 이야기가 숨겨져 있습니다.

둘째는 직군별 역량에 관한 것입니다. 기획직군은 4번의 창의 능력과 5번의 문제해결 능력이 필요합니다. 관리직군은 6번의 빠른 대응 능력과 7번의 업무분석 능력이 요구됩니다. 영업직을 포함한 전문직의 경우는 8번의 고객(선행부서)니즈 파악과 대응 능력 보유가 선행되어야 합니다.

업무역량에서 3가지 직군에 필요한 역량을 구분하여 설명한 것은, 사람은 태어날 때부터 타고나는 역량이 있다는 점을 전제하고 있습니다. 자기가 어떤 재능이 있는지 고민해 보고, 직군에 맞는 일을 선택해야 합니다. 기획도 잘하고, 관리도 잘하고, 영업도 잘하는 사람은 없습니다.

셋째는 목표 달성 역량에 관한 내용입니다. 리더에게 가장 중요한 역량은 회사에 주어진 목표를 달성하는 능력입니다. 그것이 리더십의 본질입니다.

넷째는 소통역량으로 13번인 목표정렬 능력과 14번과 15번인 문서작성 능력과 보고와 발표 능력입니다. 이 중 가장 중요한 것은 조직의 목표와 개인의 목표를 일치시키는 목표정렬 능력입니다.

16번의 경청 능력은 제삼자의 시각을 가지고 잘 듣는 능력을 강조하고 있습니다. 고 삼성의 이병철 회장님이 경청을 매우 중요하게 생각하였다고 합니다. 이는 자신의 부족한 부분을 보완하고자 다른 사람의 생각과 아이디어를 중시한 것 같습니다.

다섯째, 임원이 되면 '통찰력'이라는 더 높은 능력이 요구됩니다. 이는 보통 남이 보지 못하는 것을 볼 수 있는 능력을 의미하며, 일과 사람에 관한 통찰력으로 구분할 수 있습니다.

그 다음은 관계 역량에 관한 내용입니다. 관계 역량은 직장생활에서 상사와 동료들과의 관계를 맺는 방법에 관한 내용을 담고 있습니다. 저는 인간관계의 첫 출발은 타인을 돕는 데서 출발한다고 생각합니다. 1번인 자원제공 능력을 보유하여만 관계가 시작되며, 도울 수 있는 자원이 없다면 관계 첫 출발이 어렵습니다. 자기가 남을 도울 수 있는 역량이 있다면, 그것을 동료와 후배와 공유하면서 관계 형성이 자연스럽게 발전됩니다.

2번, 3번, 4번은 인간관계의 기본 영양소에 해당합니다. 관계개선 능력, 칭찬과 격려 능력, 동료관계 능력은 인간관계에서 반드시 익혀야 하는 기본 중의 기본역량입니다. 5번과 6번은 평소에 상사와 어떤 관계를 맺어야 하는지 설명하고자, 지시수용 능력과 상사존중 능력을 포함하였습니다.

마지막은 태도 역량에 해당하는 이야기입니다. 태도는 가치와 연결되어 있으며, 인성 면접 시에 점검하는 항목이기도 합니다. 저는 모든 조직에서 요구되는 가치관 즉, 태도는 무엇일까에 대해 고민하고 정리해 보았습니다. 그것은 정직과 겸손, 성실, 신뢰와 자기관리에 관한 내용입니다. 결국, 좋은 인성을 갖는 법에 관련된 내용입니다.

이러한 핵심 역량에 관한 설명은 저의 책 『커리어 브랜딩』에 저의 경험과 훌륭한 저자의 조언을 토대로 해설서 형식으로 작성되어 있으니 관심있는 분들은 참고하시길 바랍니다.

(2) 5단계 취업 프로세스의 이해

자, 이제 5단계 취업 프로세스의 내용을 살펴보겠습니다.

이 과정은 자기 경험을 찾는 단계(1단계)로 시작하여, 회사가 필요로 하는 핵심 역량을 파악하는 단계(2단계)를 거칩니다. 이 두 가지를 어떻게 연결하여 초안을 작성하는지에 대해 고민하게 됩니다. 그 이후에는 전문가로부터의 수직적 피드백과 취업에 성공한 동료로부터의 수평적 피드백(4단계)을 연속적으로 진행하며, 마지막으로 마무리 단계(5단계)에 도달합니다.

3단계에서는 초안 작성 과정에서 성공적인 자기소개서와 면접 예상 질문 등의 벤치마킹 자료가 참고 자료로 제공됩니다. 마무리 5단계는 글쓰기와 면접 요령에 관한 내용입니다.

<표 6-2> 5단계 취업 프로세스

구분	1단계	2단계	3단계	4단계	5단계
5단계 취업 프로세스	자기 경험 찾기 (예상 면접 질문 준비)	회사가 요구하는 핵심 역량 파악	경험-역량 연결하여 자소서 쓰기 (면접답안작성)	멘토링 (동료/전문가) 모의면접 (전문가/선배)	마무리 - 글쓰기 요령

※ 전문가 대신 현직에 있는 친인척, 지인 혹은 선배 등을 통해 진행해도 무방함

① 1단계 : 자신만의 차별화된 경험 찾기

대개 "다른 사람과 차별화된 경험을 말해 보세요."라고 말하면 술술 대답을 잘하는 경우가 많습니다. 실제 취업준비생들이나 학생들도 답변을 아주 잘합니다. 제가 들어보고 그것은 좀 아니다 싶으면 "다른 경험을 말해 보세요."라며 다른 소재를 찾으려고 노력합니다. 이 과정을 통해 자연히 이 친구들의 특징과 장점을 알게 됩니다.

이제 자신만의 차별화된 경험을 찾는 방법을 소개할까 합니다. 첫째가 자신만의 성공한 경험들, 자신만의 실패한 경험들입니다.

자신만의 성공한 경험을 통해서 차별화를 찾는 것은 아주 일반적인 방법입니다. 자신의 장점 혹은 자신이 자라온 특이한 환경 등 자신의 특징과 장점을 활용하여 자신만의 경험을 찾는 것입니다. 현장에 적용해 보면 성공한 경험을 통해 찾는 방법이 가장 성공적이고 쉬운 방법입니다. 많은 취업준비생도 이런 방향의 스토리나 에피소드를 많이 갖고 있습니다. 저도 자기소개서에서 가장 많이 접하곤 합니다.

반면에 실패한 경험은 쓰기가 매우 어렵고 드러내기 쉽지 않습니다. 실패한 경험이란 '자신의 실수 혹은 약점으로 인해 겪었던 실패의 경험'을 통해 자신이 얻은 교훈이나 또는 극복했던 자랑스러운 내용을 말합니다. 예를 들어 2번의 심장 수술로 인해 남보다 죽음의 문제를 더 많이 생각하게 되었다든지, 대학에서 동아리 회장을 하면서 다양한 이견을 조율하지 못해 실패했던 경험을 통해 구성원의 갈등을 해소할 줄 아는 것이 리더의 능력이라는 것을 깨달았다든지 등을 말합니다.

면접관의 입장에서는 일을 하다 보면 예상치 않은 위기가 오고 사람들이 모인 곳에는 갈등이 항시 존재한다는 사실을 알기 때문에, 위기극복 능력과 갈등관리 능력을 매우 유심히 관찰합니다. 따라서 어려운 일이기는 하지만 실패한 경험을 찾는 것은 매우 중요한 방법론입니다.

두 번째는 우수하다고 평가받은 객관적인 차별화 경험들(예 : 수상실적, 인턴 시절 상사로부터 받았던 우수한 평가 등)입니다.

수상 실적은 객관적이어서 이러한 경험이 있는 경우 자신만의 차별화된 장점으로 손쉽게 받아들여집니다. 주변 사람들의 칭찬과 그들의 견해는 매우 중요한 자신만의 경험입니다. 그럼에도 불구하고 이러한 경험들을 제대로 활용하지 못하는 경우를 많이 볼 수 있습니다. 제삼자의 관점에서 나온 말이나 평가, 혹은 의견은 매우 중요하고 가치 있는 경험입니다. 이러한 경험들에 집중해야 합니다.

세 번째로는 가족 관계에서 나타난 자신만의 차별화 경험들입니다. 가족 관계에서의 경험은 이중적인 관점을 가집니다. 실무면접보다는 최종면접에서 임원이나 경영진이 중시하는 경향이 있습니다. 가정 내 화목한 분위기를 중시하며, 이러한 환경에서 자란 사람이라면 인성이 좋을 것으로 여겨집니다.

② 2단계 : 회사가 요구하는 핵심 역량 파악하기

앞서 제시한 30개의 핵심 역량 중에서 취업과 가장 많이 관련된 7개만 정리해 보았습니다.

<표 6-3> 회사 요구 핵심 역량

구분		내용
개인	(1) 빠른 업무 대응력	최선보다는 빠른 것이 우선이다. (스피드 중시)
	(2) +α 아이디어 제시 능력	자기 가치를 한 가지 드러내라. (창의력/문제해결력)
	(3) 네트워크의 활용 능력	사내외 네트워크를 통해 아이디어를 확장하라.
	(4) 임팩트 있는 자료 작성 능력	글의 수준이 그 사람의 능력을 말해 준다.
	(5) 맞춤식 보고 능력	상사에 따라 보고 방식도 달라야 한다.
리더	(6) 목표 달성 능력	목표 관리(조직) + 위기관리(일) + 갈등관리(사람)
	(7) 통찰력	남이 보지 못하는 것을 보는 것.

회사에서 요구하는 역량은 개인 역량 5개와 리더 역량 2개로 총 7가지로 구성됩니다. 최근 대기업에서 채택하고 있는 PT 발표 면접과 논술 면접은 위 표에 있는 '자료 작성과 보고 능력'을 중시하는 경향에 따른 것입니다.

리더 역량 중 목표 달성 능력은 3가지로 구성됩니다. 주어진 조직의 목표를 다양한 전략을 활용하여 달성하는 개인적인 능력, 일이 잘못될 경우를 가정하여 그것을 어떻게 해결할 것인지 고민하는 위기관리 능력, 그리고 사람과의 관계에서 다양성으로 인한 갈등을 최소화하는 능력을 말합니다. 이에 관한 자신만의 경험이 있다면 소중하게 정리하여 자소서를 쓰거나 면접할 때 활용해야 합니다.

이제부터는 7가지 핵심 역량을 직군별로 정리하여 요구되는 역량을 분류해 보도록 하겠습니다. 전반적으로 기획직군, 관리직군, 그리고 영업 및 전문직군(연구, IT, 법무 등)으로 나눌 수 있습니다.

<표 6-4> 직군별 핵심 역량

직군	핵심 역량	주요 내용
(1) 기획직군 (기획, 마케팅, 홍보)	+α 아이디어 제시 능력	창의력, 문제해결, 자기 주도
(2) 관리직군 (총무, 회계, 재무)	빠른 업무대응력(실행력)	분석능력, 디테일한 업무추진
(3) 전문직군 (영업, 연구, 법무, IT)	네트워크의 활용능력	현장과 의사소통, 융합연구

직군별로 핵심 능력을 파악하는 것이 매우 중요합니다. 직군별로 역량별 우선순위가 다르기 때문에 자신이 원하는 분야를 지원하려면 사전에 자기 경험이 어떤 역량과 연결되어 있는지 점검해야 합니다.

기획업무를 지원하려는 취업후보자가 창의력이나 문제해결에 관련된 자신만의 경험이 없다면 입사 가능 확률이 낮아집니다. 이를 보충

하기 위해 인턴 경험이나 다른 아르바이트를 통해 관련 경험을 쌓는 것도 한 방법입니다. 또는 분야를 변경하여 다른 경험을 쌓는 것도 고려할 수 있습니다.

관리직군을 지원하는 분들은 주어진 업무를 빠르고 정확하게 실행하는 능력이 중요합니다. 업무를 빠르게 처리할 수 있는 것은 일정 기간 장기근무를 통해 주어진 일에 숙달이 되었거나 혹은 로테이션(다른 업무로 인사이동)을 통해 얻은 다양한 업무 경험 때문에 얻어집니다.

전문직군에서는 네트워크 활용 능력이 매우 중요합니다. 예를 들어, 영업직군에서는 고객과의 관계를 유지하기 위해 네트워킹 능력이 필수적이며, IT 분야에서는 현장 업무를 전산화하는 과정에서 네트워킹 능력이 중요합니다. 연구 분야에서도 기술 융합과 협력 연구가 중요시되는 만큼, 네트워크를 통한 아이디어 확장이 필수적입니다.

<표 6-5> 소통 역량

구분	주요 내용	비고
(1) 임팩트 있는 자료 작성 능력	소통 역량 : 쓰기와 말하기 능력	PT 발표와 논술 면접
(2) 맞춤식 보고 능력		

소통 역량 중 PT와 논술 역량은 어떤 직군이든 갖추어야 할 공통 역량에 해당합니다. 모든 조직의 공식적인 소통 채널은 문서와 보고로 이루어집니다. 그것에 관련된 능력이기 때문에 전 직군 모두에게 적용

되는 역량이라 할 수 있습니다.

<표 6-6> 리더 역량

구분	주요 내용	비고
(1) 목표 달성 능력	목표 관리 - 목표 추진, 소통능력, 조율 위기 관리 - 문제해결 경험, 수습 경험 갈등 관리 - 팀워크, 협업, 시너지	관련된 자기 경험 찾기
(2) 통찰력	경영층에게 요구되는 핵심 역량	유사 사례가 있다면 유익

    이번에는 리더에게 필요한 역량에 관해서 이야기하려고 합니다. 일반적으로 어느 정도 연차가 있어 이직하는 분들은 리더 그룹에 속할 가능성이 높습니다. 이들은 목표 달성과 위기 관리, 갈등 해결 등에서 성공한 경험을 체계적으로 정리해야 합니다.

    리더의 주요 덕목은 목표 달성 능력입니다. 목표 달성에 장애가 되는 것은 보통 일을 잘 못해서 발생하는 위기와 다양한 직원 간의 반목들이라고 할 수 있습니다. 이러한 측면에 집중하여 사전 준비를 철저히 해야 합니다.

    마지막으로, 통찰력은 경영층에 필수적으로 요구되는 역량입니다. 남이 보지 못하는 것을 보는 능력이기 때문에 회사의 상위 계층에 필요한 역량입니다. 회사가 가야 할 장기목표 설정, 사업 포트폴리오 분석을 통해 신규사업 발굴, 조직문화 혁신을 통한 근무 분위기 쇄신 등 회사의 경영층에 필요한 역량입니다.

이러한 역량과 관련하여 취업준비생이 자신만의 경험을 갖기는 어렵습니다. 하지만 남과 다른 시각과 참신한 창의적인 활동들, 특이한 예술적인 기질 등은 통찰력과 연결할 수 있는 소소한 사건이나 에피소드가 될 수 있습니다.

③ 3단계 : 경험-역량을 연결하여 자기소개서 쓰기

경험-역량을 연결한다는 개념은 회사에서 요구하는 '역량'에 관해 이해했다는 것을 전제합니다. 대부분의 취업 준비생들이 이 부분에서 어려움을 겪습니다.

예를 들어 동아리 회장 경험을 일반적으로 리더십을 강조하는 방향으로 작성합니다. 하지만 저 같으면 '갈등관리'라는 차원으로 쓰겠습니다. 다양한 사람의 이해관계를 조율하고 조정해서 목표를 달성했다는 전개로 표현하는 게 리더십이 있다는 것보다 더 나은 해석일 수 있습니다.

이제 성공한 자기소개서 중에서 의미 있다고 생각되는 다양한 사례를 보여드리려고 합니다. 이를 통해 경험과 역량이 어떻게 연결되는지 주목하시길 바랍니다.

<사례 1 (기획직군) : 스타트업 경험 → +α 아이디어 제시 능력(기획력, 창의력)>

기획직군은 회사의 전략적 머리 역할을 맡기 때문에, 창의적이고 혁

신적인 아이디어를 제시할 수 있는 인재를 중시합니다. 물론 스펙도 중요하지만, 최종 합격 여부는 제시된 아이디어가 현장에서 실현 가능하고 성과를 도출할 수 있는지에 달려 있습니다. 이 과정에서 엉뚱하거나 이례적인 아이디어보다는 실질적인 결과와 직결된 아이디어를 더 가치 있게 여깁니다.

아래의 글은 그러한 내용을 잘 담고 있습니다.

<사례 6-1> 기획직군 자소서

[3개 팀으로 구성된 10만 원짜리 프로젝트]

    학부 수업 때 10만 원의 예산으로 가치를 창출해내야 하는 팀 프로젝트가 주어졌습니다. 당시 저희는 일회용 컵이 음료가 들어있는 상태로 길거리에 버려지는 것을 문제 삼았고, 이를 해결할 수 있는 시설물을 제시하는 것을 목표로 했습니다.

    근본적인 문제는 음료 판매점 외에서는 관리 문제 때문에 분리 배출할 수 있는 시설이 없다는 점이었습니다. 이에 착안해 기존보다 높은 컵 회수율, 덜한 악취와 미관 문제를 가지는 외부 전용 시설물을 고안하고자 했고, 공간 효율 증대, 밸브와 거름망, 간편한 세척에 초점을 맞춰 제품을 고안했습니다.

[문제점을 만났으나 전화 한 통화로 해결]

    그 과정에서 생각하지 못했던 문제점들이 드러났는데, 폐 음료를 길거리 하수도에 함부로 버려선 안 된다는 점이었습니다. 조사해본 결과, 실제 하수도는 빗물을 보내는 우수관과 오염물을 보내는 오수관으로 나뉘어 있었고, 대체로 보이는 곳은 우수관이라 폐 음료를 버리면 문제가 될 수 있었습니다. 저희가 목표로 하는 강남대로, 홍대거리와 같이 평소 오염도가 높은 지역 또한 같은 시스템일지

의구심을 품었고, 각 담당 구청에 전화하여 그 진위를 파악했습니다. 그 결과 해당 지역들은 오수관과 합류하는 시스템을 가져 문제가 없음을 확인해 제품의 타당성을 입증할 수 있었습니다.

[36억 성과와 A+로 마무리]

이후 다른 의견들을 고려해 디자인을 수정하고, 예산에 따라 프로토타입과 광고를 제작하여 최종 발표를 진행했습니다. 제안한 시설물은 기존 대비 2배 이상의 공간 효율로 일회용 컵 수거가 가능했고, 길거리 여론조사에 따라 10%의 재활용률이 증가하면 당시 한 해 손실액 기준 36억 원을 절약할 수 있는 것으로 계산됐습니다.

저희 팀 전원은 A+라는 성적을 받을 수 있었고, 이후 수업에서는 우수 프로젝트 사례로 소개되었습니다.

<사례 2 (관리직군) : 아르바이트 경험 → 빠른 업무 대응력 (속도 중시, 성실성, 숙련도)>

관리직군은 매우 다양하고 넓은 업무를 포함하고 있습니다. 그 핵심은 속도와 빠른 대응력입니다. 당신은 실수 없이 업무를 처리할 수 있어야 합니다. 이 개념은 TV에서 자주 볼 수 있는 '달인'이라는 콘셉트와 비슷합니다. 달인은 자신의 일을 뛰어나게 처리하는 능력을 가진 사람을 의미합니다. 예를 들어 폐품 분류, 종이 접기, 부품 교환, 구두 수선 등 다양한 분야에서 달인은 그 능력을 발휘합니다. 바로 관리직에서 요구되는 역량을 잘 보여주는 전형적인 사례입니다. 이들의 탁월한 능력을 보면 숙연해집니다. 달인이 될 때까지 실력을 갈고 닦았을

그분들의 노력에 경의를 표하게 됩니다.

아래 사례는 관리직에 관련된 역량을 그대로 보여주는 전형입니다.

<사례 6-2> 관리직군 자소서

위험 컨설팅 회사인 D사의 위험관리 자문팀에서 인턴으로 근무한 적이 있습니다. 주로 플랜트 설계도면 정보를 엑셀에 입력하는 단순한 업무였습니다. 이 회사에서는 대사 업무를 부장님과 대리님 등 상사들이 진행합니다. 그분들은 파일당 20,000행 이상의 방대한 데이터를 눈으로 검토하는 방식으로 처리하고 있었습니다. 이런 방식은 제게 매우 불합리하게 보였고 약간 황당해 보이기도 했습니다.

이 문제를 해결하기 위해 이러한 수작업 업무 프로세스를 분석하여 나만의 검토용 엑셀을 만들었습니다. 인턴들이 만든 데이터를 복사하고 붙여 넣으면 오류 부분과 개수가 자동으로 산출되는 프로그램입니다. 이 프로그램은 COUNT IF, 텍스트 마법사, MATCH 함수 등을 사용하여 만들었습니다.

부장님과 대리님이 했던 방식보다 제가 만든 엑셀 방식으로 처리한 결과, 업무의 효율도가 크게 향상되었습니다. 심지어는 제가 만든 엑셀 프로그램으로 파일당 1,000개의 오류를 발견한 적도 있었습니다. 부장님과 대리님이 대사하던 시간이 2시간이었는데 1분으로 축소되었습니다.

<사례 3 (전문직군 : 영업) : 다양한 경험 → 네트워크 활용능력(소통, 관계유지, 순발력)>

전문직 중에서 영업에 네트워크 활용이 중요하다는 사실은 금방 수긍합니다. 그러나 연구소에서 일하는 연구원, 법무 분야에서 일하는

변호사, 재무 파트에서 일하는 회계사, IT센터에서 일하는 전산직 등에서도 네트워크 활용 능력이 중요하다는 사실에 대해서는 선뜻 이해하지 못합니다. 연구소의 연구 테마는 선행부서의 과제입니다. 그들이 있는 현장과 소통을 하고 그들과 협업하고 아이디어를 공유해야 합니다. 네트워킹 능력이 부족하면 절대 안 됩니다. 이쪽 분야에 지원하는 취업 준비생들은 곰곰이 생각해 볼 대목입니다.

<사례 6-3> 영업직군 자소서

　　백화점 소사장으로 근무하면서 출국을 앞둔 외국계 헤지펀드 매니저로 근무하던 고객과 많은 대화를 나눈 적이 있습니다.

　　이틀간 1,230만 원의 세일즈를 한 적이 있습니다. (당시 점포의 월매출이 2천만 원이었음) 매일 11시 만나서 점심도 하고 커피도 마시면서 많은 대화를 했습니다. 판매는 제품을 파는 것이 아니라 고객과의 친밀감이 더 중요하다는 사실을 알게 되었습니다.

　　또한 변함없이 방문해 주시는 단골손님들을 만나오면서 개인 고객관리에 강점이 있다는 것도 알게 되었습니다. 그 당시 2.6억 원(전국 89위)이던 매출액을 3년 만에 8억 원(전국 23위)으로 신장시켜 주변에 놀라움을 샀던 경험이 있습니다. 영업 노하우 3가지는 다음과 같습니다.

1) 일행과 함께 매장에 방문하면 상품 구매력이 있는 고객을 공략하여 세일즈로 이끌어 냈습니다.

2) 고객의 신체적 특징을 고려하여 2회 이내에 알맞은 사이즈와 색상의 제품을 착장시켜 추천하였습니다.

3) 재방문한 고객에게 최초 내점 때와는 다른 외적인 변화를 칭찬하고 웃으면서 먼저 다가가 응대했습니다.

<사례 4 (목표 달성 능력) : 문화 공간 기획(경험) → 목표 달성 능력(기획, 조율, 소통)>

리더 역량은 취업 준비생들의 자기소개서에서 자주 다루어지는 주제입니다. 그러나 너무 많이 사용되어 면접관들에게는 식상하게 느껴지기도 합니다. 어떤 관점에서 쓰는지를 신중하게 고려하는 것이 중요합니다.

아래 사례는 리더 역량인 목표 달성 능력을 이해하는 데 많은 도움을 줍니다. 목표 달성을 가능하게 하는 기획력, 다양한 사람들의 갈등을 최소화하기 위한 이견 조율, 한 방향으로 움직이게 하는 목표 관리 등이 잘 표현되어 있습니다.

<사례 6-4> 목표 달성 능력 자소서

손해 사정 회사에서 침수 사고를 조사한 적이 있습니다. 초등학교 전기실이 66cm 침수되어 전기 설비에 수손 피해가 발생한 사고였습니다. 사고 전 천재지변이 발생하지 않았기 때문에 구상권 확보를 위한 정확한 사고 원인 조사가 필요하다고 판단하였습니다.

구상권 확보를 위해 두 개의 단계가 필요했습니다. 첫 번째는 기술 검증으로, 소방 시설, 구조, 장비 등의 조사를 위해 2개의 검사 업체를 선정하여 공동 조사를 하였습니다. 소방 용어와 도면은 이해하기 어려운 부분이 많았습니다. 기술 조사가 진행되는 날에는 검사 업체에 커피를 대접하며 이해가 안 되는 부분은 솔직하게 물어보고 종이에 받아 적어 추가적인 공부를 하였습니다. 이것이 자연스럽게 소통할 수 있는 기초 자산인 신뢰를 얻을 수 있었습니다.

두 번째는 유책자 조사로, 사고 관련자는 소방 업체, 시설관리 업체, 경비업체 등이 있었습니다. 소방 업체는 비협조적인 태도를 보이었고 경비업체의 직원은 조사 과정에서 욕설하기도 했습니다. 이처럼 사고 원인에 대해서 상대방에게 책임을 전가하는 등 분위기가 험악했습니다. 사고 원인에 대한 파악 없이는 보상이 불가하다는 원칙을 강조하면서 정확한 원인 파악을 독려하였습니다. 책임자를 색출하러 온 것이 아니라 보험금을 지급하러 왔다는 사실을 대화 중에 계속 얘기하였습니다. 자연스럽게 원인을 찾을 수 있는 분위기가 만들었습니다.

그 결과 생각이 다른 이해관계자들과 긴밀한 협의와 지속적인 대화로 3가지 사고 원인을 확정하였습니다. 구상권을 확보하고 계약자에게 보험금을 지급할 수 있었습니다.

<사례 5 (통찰력) : 남들이 하지 않은 행위나 시각에 관련된 유사한 에피소드들>

리더 역량의 두 번째는 통찰력입니다. 이 역량은 회사의 최고 경영층에게 요구하는 역량입니다. 남이 보지 못하는 것을 볼 줄 아는 혜안 같은 개념입니다. 이런 역량에 관련된 직접적인 사례를 찾기가 힘듭니다. 하지만 이 역량과 유사하거나 특이한 경험이 있다면 써보는 것도 나쁘지 않다고 생각합니다. 이런 역량은 기획직군에서 요구하는 참신한 아이디어하고도 직간접적으로 연결되어 있습니다.

여기 제공된 사례는 '통찰력'과 관련이 있다고 생각하여 인용한 내용입니다.

<사례 6-5> 통찰력 자소서

커피 배달 스타트업에서 일하면서 제품 구상, 홍보 업무를 수행했습니다. 제품을 구상할 때는, 고객 선호를 직접 조사할 필요를 설명하고, 직접 수백 명을 현장 인터뷰했습니다. 이를 통해 새로운 상품 구성을 제안하여 수요가 창출되었습니다. 자금 부족으로 판매 사이트 구성에 어려움을 겪었을 때는, 팝업스토어를 계획하여 매출을 만들어 냈습니다. 그리고 그 자금을 통해 홈페이지를 제작했습니다.

특히 현장에서 제품을 소개하고 판매할 기회가 많았습니다. 예를 들어, 신촌 문화 상점에서 부스를 설치하여 고객을 만나기도 했습니다. 저는 현재의 판매보다 고객의 의견이 소중하다고 판단하여, 미리 작은 메모지를 준비해 갔습니다. 현장에서 제품을 일방적으로 설명하지 않고 대화를 이어가려 노력했습니다. 그뿐만 아니라 고객의 피드백을 계속해서 메모했습니다. 메모를 통해 선물 패키지 수요를 찾아낼 수 있었고, 새로운 매출로 이어졌습니다.

④ 4단계 : 멘토링

컨설팅보다 멘토링이라는 말을 선호하는 이유는 자기소개서를 본인들이 직접 쓰고 저는 다만 느낀 점, 부족한 점, 좋은 점 등을 얘기해 줄 뿐 수정할지는 모두 본인이 결정하기 때문입니다. 자기소개서 관련해 많은 책이 시중에 나와 있고 컨설팅이라는 이름으로 자기소개서를 대신 써주는 업체가 있다는 소문도 들었습니다. 하지만 자기소개서를 스스로 써보고, 제삼자로부터 조언과 충고를 듣는 과정에서 자기 생각도 정리되고, 그 모든 과정이 면접에 다시 재활용될 수 있기에 컨설팅보다는 멘토링을 받는 것이 더 효과적이라고 생각합니다.

또한 자기소개서를 개선하기 위해서는 제삼자의 관점에서 객관적으로 평가받고, 그것을 바탕으로 재검토하고 수정해야 합니다. 그래서 수직적인 관점은 제가 피드백을 하고, 수평적인 관점은 실제로 입사한 사람들이 피드백합니다. 이런 과정을 통해 다양한 의견이 수렴되고, 본인이 작성한 자기소개서의 문제점 등이 보완이 되어 좀 더 발전적인 방향으로 업그레이드됩니다.

실전에서 보면 동료에 의한 수평적 피드백은 잘 이루어지는 것 같습니다. 실제 입사한 친구들로부터 피드백을 받기 때문입니다. 반면에 수직적 피드백은 현실적으로 잘 이루어지지 않습니다. 현실적인 대안으로 친척 혹은 부모님의 친구 중에서 직장생활을 하시는 분들에게 부탁하는 것도 좋은 방법입니다.

⑤ 5단계 : 마무리

멘토링 과정을 잘 거치게 되면 자연스럽게 자기소개서가 완성됩니다. 완성도를 위해 노력하는 과정에서 좋은 동료와 괜찮은 인생 선배를 만나는 행운이 있기를 기원해 봅니다. 마무리 과정은 글을 재검토하고 여러 번 수정하는 고쳐 쓰기 과정입니다. 보통 퇴고라고 합니다. 글 쓰는 요령과 관련해서 몇 가지 정리하여 보았습니다.

<사례 6-7> 글쓰기 요령

1. 한 줄 띄어쓰기를 합시다.

   단락이 바뀔 때 보는 사람이 읽기 쉽게 띄어 줍시다.

2. 제목을 달아 줍시다.

   보는 사람이 읽기 전에 단락의 내용을 파악할 수 있도록 제목을 달아 줍시다.

3. 자신의 주장을 지지하는 사례나 증거를 삽입합시다.

   자기주장의 설득력을 높이기 위한 증거가 부족하다는 느낌을 받은 글이 많았습니다. 재미있는 과거의 에피소드나, 경험과 사례를 인용하는 것을 검토합시다.

4. 논리적 연결고리에 신경을 씁시다.

   읽는 사람이 "이게 뭐지 이해가 안 되는데"하는 것은 논리 비약이 많다는 것입니다.

5. 어려운 이야기를 쉽게 씁시다.

   자기도 모르는 생소한 단어나 전문 용어와 학술 용어는 가능하면 배제합시다. 가급적 쉬운 말로, 구어체로 쓰면 더 좋다고 생각합니다.

위와 같은 원칙을 잘 따르면 자기소개서 작성은 큰 어려움이 없을 것입니다. 실제로 성공한 자기소개서들을 살펴보면, 제시한 원칙을 충실히 따랐다는 것을 알 수 있습니다.

(3) 면접할 때 주의사항

 면접은 예상 질문들을 준비하는 것만으로도 50%는 성공에 가깝습니다. 나머지 50%는 좋은 멘토링을 통해 보완하거나 추가할 수 있습니다. 먼저 취업한 동료들이나 직장 선배들과의 모의 면접을 통해 예상 질문을 추가하거나 준비해 보는 것도 좋은 방법입니다. 면접에 진입한 취업 준비생은 이미 성공에 한 발짝 다가선 상태입니다. 면접 관련 다양한 실용적인 조언들이 있지만, 제 생각에는 아래 세 가지가 가장 중요하다고 생각합니다.

 첫째, 자신감을 가져야 합니다.
 면접관을 향해 자신감 넘치는 모습을 보이는 것이 중요합니다. 면접자의 자신에 찬 모습은 면접관에게 신뢰감을 주고, 자신감에 차 있는 이유를 궁금하게 만듭니다. 자신감 넘치는 사람은 눈빛이 확고하고, 똑바로 선 자세와 잘 정돈된 외모로 신뢰감을 전달합니다. 이런 사람들은 내면에 높은 자존감을 가지고 있습니다. 이런 사람들이 저는 좋습니다. 이런 사람들을 항상 뽑아왔습니다.

 면접에는 정답이 없습니다. 주눅들 필요가 없습니다. 자신의 삶을, 자기의 경험을 진솔하게 얘기하는 자리입니다. 남과 비교할 필요도 없습니다. '나는 나. 너는 너.' 각자의 개성과 경험은 모두 다 소중합니다. 자기 이야기를 당당하게 하면 됩니다. 눈치 볼 이유가 없습니다. 이런 자신감을 가지면 면접할 때 마음이 진정되는 효과가 있으며, 설혹 떨어진다고 하더라도 상처가 덜 생깁니다. 내면이 강하기 때문입니다. 그런 분들은 대체로 마음이 잘 정비되어 있으며, 자신을 잘 다스리는 통제력을 갖추고 있습니다. 자신 있게 면접합시다.

둘째, 진정성이 있어야 합니다.
자기소개서를 쓰거나 면접할 때 사실(Fact)에 기반을 두고 말해야 합니다. 자기 경험은 사실입니다. 감출 것도 없습니다. 생각이 안 날 수가 없습니다. 잘 보이려고 꾸밀 필요도 없습니다. 중요한 것은 진실입니다. 이것이 사람의 마음을 움직이는 힘입니다. 면접관에게 전달되는 에너지입니다. 특히 자신의 경험 중 실패나 실수를 이야기하는 것이 가장 어렵습니다. 사실에 바탕을 두고 이야기해야 합니다. 마음이 아프고 감추고 싶을 수 있습니다. 그러나 사실에 근거하여 차근차근 말할 때 마음이 움직입니다. 모든 사람은 실수나 실패를 겪습니다. 그러기에 실패는 단지 흠이 되는 것이 아니라 성장과 삶의 깊은 의미를 알게 해 줍니다.

이것이 진정성입니다. 애써 잘하려고 하지 말기를 바랍니다. 있는 그대로 드러냅시다. 그것이 힘입니다. 면접을 잘하는 길은 진실을 이야기하는 겁니다. 일반적으로 이러한 사람들은 인성이 좋고, 취업 가능성이 높으며, 경영층이 매우 좋아합니다. 거짓말을 하지 않기 때문입니다. 진정성이 있게 면접하기를 바랍니다.

셋째, 절박함과 간절함이 있어야 합니다.

이것은 취업에만 국한된 것이 아닙니다. 어떤 분야에서 일하든 동일한 원칙이 적용됩니다.

저의 처조카도 졸업 연차에 취업이 안 되어서, 본의 아니게 한 학기 졸업을 연장하며 취업을 준비하였습니다. 저도 도와주려고 무척 노력했습니다. 함께 만나서 취업 공부를 할 때 절박함과 간절함이 보였습니다. 결국 본인의 적성에도 잘 맞는, 한국 최고의 자동차 회사에 취업하였습니다. 그렇습니다. 절박함과 간절함이 있어야 합니다. 그래야 취업의 원하는 문이 열립니다. 기적이 일어납니다.

저는 면접 요령에 대해서 보이는 것보다 보이지 않는 내면의 중요성을 강조하였습니다. 다시 강조합니다. 자신 있게 진실과 사실을 바탕으로 소통하기를 바랍니다. 진정성이 면접관의 마음을 움직입니다. 이 모든 일을 절박하고 간절하게 진행하기를 바랍니다. 이것이 면접의 요령입니다.

최근에 면접을 본 친구들의 사후 인터뷰에서도 너무 잘하려고 뭔가 보여주려는 접근이 오히려 면접을 망친다는 것을 다시 확인할 수 있었습니다. 있는 사실과 내용을 전달하는 데 집중해야 하는데, 쓸데없는 얘기를 해서 오히려 감점을 받게 된 경우입니다. 너무 그 회사에 가고 싶은 나머지 무리수를 둔 것입니다.

면접에서 잘하려고 하는 것이 오히려 사람을 더 초조하게 만들고 그래서 준비한 내용을 말로 표현하지 못하게 됩니다. 있는 그대로 보이려고 노력하는 것이 오히려 면접 잘 보는 길이라는 사실을 다시 한번 강조합니다.

요약

이번 장은 취업에 관한 이야기입니다. 구체적인 취업 방법에 앞서, 핵심 역량 30가지를 알아야 합니다. 회사에 대한 이해가 필요하기 때문입니다. 이것이 자기소개의 첫 번째 기초가 됩니다. 두 번째 기초는 자기 경험입니다. '역량'과 '경험'이라는 두 개의 단어는 꼭 기억해야 합니다.

취업에 필요한 역량은 총 30개입니다, 구체적으로 업무의 기초역량은 3개, 직군별 역량은 5개, 목표달성 역량 4개, 소통역량 4개, 통찰역량 2개 등 총 18개입니다. 관계역량은 6개, 태도역량도 6개입니다.

취업할 때 가장 중요한 것이 자소서 쓰는 일입니다. 5단계 취업 프로세스를 따라가다 보면 자기소개서가 자연스럽게 완성될 것입니다. 다음과 같은 프로세스를 거칩니다.

1) 자기 경험 찾기
2) 회사가 요구하는 핵심 역량 파악하기
3) 경험-역량 연결하여 자소서 쓰기
4) 멘토링
5) 마무리

다음은 면접할 때 주의사항입니다.

첫째, 자신감을 가져야 합니다.
둘째, 진정성이 있어야 합니다.
셋째, 절박함과 간절함이 있어야 합니다.

정리하면 자신 있게 진실과 사실을 바탕으로 소통하여 진정성이 면접관의 마음을 움직이게 하고, 이 모든 일을 절박하고 간절하게 진행하기를 바랍니다. 이것이 면접의 요령입니다. 너무 잘하려고 하면 오히려 역효과가 발생하여 면접을 망치게 됩니다. 있는 그대로 준비한 면접을 보아야 합니다.

◆ 이해문제 ◆

1 핵심 역량에는 업무역량, 관계역량, 태도역량이 있습니다. 역량별로 하위 역량을 찾아 보고, 그 내용을 조사해서 기록해 보세요.

2 취업 프로세스 5단계가 무엇인가요?

3 직군별로 자소서 쓸 때 주의사항을 찾아보세요. 왜 그런지 이유도 생각해 보세요.

4 면접 시 주의사항은 무엇인가요?

5 합격한 자소서를 살펴보고 합격 이유가 무엇인지 토론해 보세요.

6 글쓰기 요령이 무엇인지 찾아보세요. 여러분의 자소서와 비교해 보고, 고칠 점은 무엇인지 제삼자와 이야기해 보세요.

참고
이직자를 위한 경력 기술서 작성 방법

　이직을 준비하는 사람들을 만나면 경력 기술서를 어떻게 작성하는지 질문을 많이 받습니다. 요즈음 저는 취업 후 3년 차, 혹은 5년 차, 아니면 7년 차에 이직하는 사람을 많이 만납니다. 어떤 이유에서인지, 이 연차에 맞춰 이직을 생각하는 사람들이 늘고 있는 추세입니다. 바야흐로 요즈음은 '이직 전성시대'가 된 느낌입니다.

　경력 기술서를 작성하는 데 필수적인 방법은 두 가지가 있습니다. 첫 번째 방법은 전 직장에서의 경험을 매우 상세하게 기술하는 것입니다.

　아래가 그 예시입니다. 경력을 기술할 때 1) 배경, 2) 문제의 정의, 3) 해결 과정, 4) 성과라는 4개 항목으로 나누어 매우 자세하게 설명하고 있습니다.

<경력 기술서 작성 방법 : 대안(1)>

경력 기술서	1. C사 주임 2년 (2019.11 ~)
	 - 주요업무
	  * 등산 인증 앱, 서비스 운영 기획
	  * 아웃도어 교육센터 운영지원
	2. B사 팀원 1년 (2018.06 ~ 2019.05)
	 - 주요업무
	  * 취미, 여가 클래스 상품 운영 기획
	  * 공간사업 운영 기획
	3. A사 팀원 9개월 (2017.09 ~ 2018.05)
	 - 주요업무
	  * B2B 미술 프로젝트 운영

성과 포트폴리오 * C사 기준	1. 알림함 UX 개선 2. 챗봇 시나리오 설계 3. 아웃도어 교육 상품 기획

<성과 포트폴리오>

1. 알림함 UX 개선(기여도 100%)
 (1) 배경 : 앱 개편 및 이벤트로 신규 업데이트 증가
  - 다수 회원 유입 이후 대규모 앱 개편이 진행하였고, 신규 업데이트가 주기적으로 배포 되었습니다.
 (2) 문제의 정의 : 업데이트 후 반복되는 문의 수 증가(총 문제 중 13%)
  - 신규 업데이트 때마다 관련 내용이 공지 사항을 통해 알림함으로 안내되지만, 다른 알림(좋아요, 댓글 등)으로 인해 확인하지 못해 동일한 문의가 반복적으로 접수되는 문제가 발생하였습니다.
 (3) 해결 과정 : UX 개선 결과 측정 불가 → 로그 데이터 수집
  - 기존 알림함은 분류 기준이 없어서 공지 사항을 쉽게 놓치게 되었습니다. 그래서 알림함의 유형을 분류하여 UI를 개선하고 이 중 공지 사항을 볼 수 있도록 기획하였습니다. 수정 전후로 개선 여부를 파악하기 위해 정량적인 분석의 필요를 느낀 저는 공지사항 방문 로그를 수집할 수 있도록 세팅하였습니다. 도입 후 지표를 비교하여 개선 후 결과를 분석하였습니다.
 (4) 성과 : 개선 후 공지사항 조회 수 1000% 증가/관련 문의 13% → 2.6%로 감소
  - 미확인 알림을 붉은 점으로 표기하여 넛지로 활용하고, 알림함을 유형별로 분류하여 편리성을 높였습니다. 이로 인해 공지 사항 조회 수가 크게 증가하고, 업데이트 후 관련 내용 문의가 대폭 감소하였습니다.

2. 챗봇 시나리오 설계(기여도 100%)
 (1) 배경 : 회원 수 급증
   - 앱 개편과 코로나19로 인해 1년 반 동안 12.5만 명의 신규가입자가 증가하였습니다. 이 수치는 8년간의 누적 가입 수(13.5만 명)와 비슷한 수준이었으며, 이로 인해 사업규모가 대폭 확장되었습니다.
 (2) 문제의 정의 : 전체 상담 수 400% 증가(월 500건 → 월 2,000건)
   - 서비스를 처음 이용하는 유저수가 증가하는 만큼 서비스 이용 방법에 대한 단순한 문의가 증가하였고, 이는 고객 특성상 50세 이상 비율이 높아 장기적으로 발생할 문제로 해석되었습니다. 결국, 팀 내 모든 인력이 고객 상담을 하게 되었고 이로 인해 업무가 마비되는 문제가 발생하였습니다.
 (3) 해결 과정 : 기능 고도화를 위한 자원 한계 → 챗봇 솔루션 직접 구축
   - 상담 중 불편 사항이나 단순 문의가 접수되는 부분은 기술적 보완작업이 필요했지만, 기존 개발 일정으로 인해 추가 개발 자원이 부족한 상황이었습니다. 문의 수는 지속적으로 상승하고 있어서 이를 해결하려는 방법을 모색하였습니다. 결국, 단순 문의를 자동으로 응대할 수 있는 챗봇 솔루션을 연구하여, 시나리오를 설계하고 상담 절차에 도입하여 문제를 해결하게 되었습니다.
 (4) 성과 : 챗봇 도입 후 전체 상담 수 62.2% 감소
   - 문의 유입 수는 기존과 비슷한 수준이었지만, 단순 문의를 자동으로 응대하여 상담수가 큰 폭으로 감소하였습니다. 또한 일부 문의에만 24시간 응대할 수 있도록 개선되었습니다.

3. 아웃도어 교육 상품 기획(기여도 50%)
 (1) 배경 및 문제 정의 : 2030 신규 가입 증가 및 교육센터 활성화 필요
   - 교육센터 개관 이후 활성화 필요가 있는 시점에 2030을 타깃으로 하는 콘텐츠가 부족한 상황이었습니다. (동기간 대비 2030 가입 수는 210% 증가)
 (2) 해결 과정 : 교육 아카데미 클래스를 기획하여 교육센터 활성화
   - 2030 유저를 대상으로 즐기면서 배울 수 있는 커뮤니티형 프로그램을 기획하였습니다. 상품 페이지 제작부터 모객 및 현장 지원까지 모든 과정을 담당하였습니다. 강사와 함께 클래스를 운영하였고 추가 클래스로 확장하여 지속적인 매출이 꾸준하게 성장하였습니다.
 (3) 성과 : 교육센터 액티비티 정규 상품 운영으로, 월 470만원 매출 발생

두 번째 작성 방법은 제목 중심으로 간략하게 설명하는 방식입니다. 주요 업무와 주요 성과로 구분해서 핵심 내용 중심으로 작성하면 됩니다.

아래가 그 예시입니다.

<경력 기술서 작성 방법 : 대안(2)>

1. D화재 특종손해사정/재물팀/주임/2019.01 ~ 2020.08(1년 7개월)
   - 주요업무 : 손해사정과 구상권 확보
   - 주요성과
     (1) 2019년 4월 본사 지점 포함 전 영업점 성과지수 4.2배로 주임 최초 1등 달성
     (2) 매출액 1억 2천만원, 성과 연평균 2.77배 달성(2019년 2.34배, 2020년 3.32배)
     (3) 고객민원 제로(VOC 포함)

2. 창업(스타트업)/앨범제작과 유통/대표/2017.09 ~ 2019.01(1년 4개월)
   - 주요업무 : 음악 앨범 기획, 제작부터 유통과 마케팅까지 전담
   - 주요성과
     (1) 두 번의 계약 실패 이후, 세 번째 앨범 B2C 최대 유통사 미러블 뮤직과 유통 계약
     (2) 사업체를 경영하며 체득한 주인의식

3. 외국계 위험 컨설팅 회사/위험관리자문팀/인턴연구원/2016.09 ~ 2017.03(6개월)
   - 주요업무 : 데이터 해석과 입력
   - 주요성과
     (1) 수작업으로 대사하던 방식으로 2시간 걸리던 업무를 검토용 엑셀을 제작, 1분으로 축소 및 오류 100개 이상 발견 처리
     (2) SCE project 참여, Workshop 서기(Scribe) 담당

위의 두 가지 경력 기술서 작성 방법을 선택해서 이직할 때 작성하면 됩니다. 어떤 방식이 우월하다고 말할 수는 없습니다.

첫 번째 방식으로 작성된 경력 기술서를 보면 심사위원이 좋아할 수 있습니다. 1) 배경, 2) 문제의 정의, 3) 해결 과정, 4) 성과라는 4개 항목으로 작성하는 것은 의외로 보기 힘든 경력 기술서이기 때문입니다. 저는 가능하면 남과 다른 차별성의 관점에서 대안(1) 방식을 추천합니다.

07
창업 교육도
진로 교육에 필수과목이 되었다

  창업과 취업이 더 이상 별개의 영역이 아닌 것 같습니다. 실제로 창업 활동이 취업에도 도움이 되는 경우가 있습니다. 반대로 취업 후에 창업을 결심한 사례도 있습니다.

  첫 번째로 창업에 관련된 활동을 한 후 대기업에 취업한 경우입니다. 이분을 저는 창업선도대학(현재 초기창업패키지 사업으로 변경) 프로그램 중 마케팅 멘토링 과정에서 만났습니다. 대학 졸업과 동시에 창업을 선택하여 스타트업 CEO의 길을 가는 중이었습니다. 외국인 대상 문화 체험 플랫폼을 만드는 사업아이템을 가지고, 정부 지원자금을 활용하여 사업을 키우고자 하였습니다.

  불행하게도 사드 사태로 중국인 관광객이 대폭 감소하여 어쩔 수 없이 회사 문을 닫을 수밖에 없게 되었습니다. 폐업 이후에 대형 종합식품 기업에 취업하였다는 소식을 듣고 있었는데 다시 만날 기회가 생겼습니다. 저는 20대의 창업 경험이 회사 취업에 구체적으로 어떤 도움이 되었는지 궁금했습니다.

그 대답은 첫째, 주는 만큼만 일한다는 월급쟁이 의식이 아니라 주인 의식으로 업무를 진행하고, 둘째, 시키는 일만 하는 것이 아니라 주도적으로 찾아서 일하는 업무 스타일을 갖게 되며, 셋째, 시장분석 스킬과 고객의 문제에 기반을 둔 영업 기획 등 창업마케팅 기법을 현장에 적용하게 되었다는 것이었습니다.

두 번째 사례는 대기업에서 일한 경험을 바탕으로 창업을 결심한 경우입니다. 이분들은 VR 창업을 기획하고 있었습니다. 인상 깊었던 점은 각자 유명 게임 회사 팀장, 국책은행 투자 업무, 증권 회사 애널리스트, 은행 IT 전문가, 게임 회사 팀원 출신으로 구성된 팀이라는 것이었습니다. 팀 구성이 너무 훌륭하였습니다.

첫 매출도 창업 1년 차에 일어났고, 내년 목표는 8억 원이라고 합니다. 외부 투자가로부터 2번에 걸쳐 7억 원과 10억 원, 총 17억 원을 투자받았으며, 해외로 시장을 확장하려고 준비 중입니다.

위 사례를 정리하자면, 첫 번째의 경우는 창업 → 취업, 두 번째는 취업 → 창업입니다. 바야흐로 창업과 취업의 문턱이 낮아지고 있습니다. 상호 교류와 융합이 가능한 시대가 왔음을 의미합니다.

(1) 부업과 창업의 기초는 사업계획서 작성 능력

부업을 하든 창업하든 회사를 운영하려면 사업계획을 한번 써보는 것이 중요합니다. 앞으로 해야 할 일이나 머릿속에 상상하던 것들을 실제로 써보면 더 구체화되고 빠진 것들이 무엇인지 금방 알게 됩니다.

은행에서 대출받으려 해도 사업계획서를 요구합니다. 정부 지원자금을 받으려 해도 반드시 사업계획서가 필요합니다. 즉, 외부에서 자금조달을 받기 위해 꼭 있어야 할 서류입니다. 사업계획서를 작성하는 과정을 잘 익히면, 회사를 효과적으로 운영하는 데 큰 도움이 됩니다.

여기서는 사업계획서의 기초를 공부하려고 합니다. 첫 번째 공부가 비즈니스모델 분석입니다. 사업계획서 내용과 관련된 부분입니다. 두 번째는 사업계획서의 형식에 관한 내용입니다. 그 형식을 영어 머리말로 정리하면 PSST입니다.

첫 번째 P는 문제(Problem)이고, 두 번째 머리글자 S는 해결책(Solution)입니다. 세 번째 S는 성장전략(Scale-Up)이고, 마지막 T는 팀(Team)을 의미합니다. 모든 사업계획서는 PSST 순서로 작성하게 되어 있습니다.

① 사업계획서의 기초는 비즈니스모델 분석

에릭 리스는 2011년에 발표한 『린 스타트업』이라는 책에서 자신의 창업 실패와 성공 경험을 바탕으로 지속성장을 위해 고안한 경영전략에 기반을 둔 비즈니스모델 분석(린 캔퍼스)을 제시했습니다. 이 책은 스타트업 창업자를 위한 필수 실무 지침서로 평가받고 있습니다.

'린 캔퍼스'는 9개 블록으로 구성되어있습니다.

<그림 7-1> 린 캔퍼스와 주요 내용

문제 중요한 문제	해결책 가장 중요한 기능 (편익과 혜택)	가치제안 제품 구입 이유와 다른 경쟁사와 차별화 포인트를 설명하는 알기 쉽고 설득력 있는 메시지	경쟁우위 다른 제품이 쉽게 흉내 낼 수 없는 특징	고객군 목표고객
	핵심지표 측정해야 할 활동		채널 고객 도달 경로	
비용구조 고객획득비용, 유통비용, 호스팅비, 인건비 등		수익원 매출(수익)모델, 생애가치, 예상매출 및 이익 등		

비즈니스모델 분석에서 첫 번째 한계는 어려운 용어인데, 그것은 '가치제안' 같은 용어입니다. 저는 가치제안을 제품콘셉트와 바꾸어서 설명하고자 합니다. 가치제안과 제품콘셉트는 의미가 같은 단어입니다. 제품콘셉트를 설명할 때 제품의 편익과 혜택, 그리고 제품 가격 정책 등 두 가지를 설명하면 됩니다.

예를 들어 수제 햄버거 가게를 창업한다고 할 때 제품콘셉트는 1) 건강함이라는 혜택과 2) 기존 햄버거보다는 비싼 프리미엄 가격 정책으로 설명하면 됩니다. 맥도날드와 같은 햄버거의 경우는 1) '스피드'가 고객이 받는 혜택이 되고, 2) 기존 음식점보다 약 30% 싼 가격 정책이 제품콘셉트가 됩니다.

비즈니스모델을 실제 적용하여 설명해 보겠습니다. 레진코믹스는 웹툰을 무료로 제공하는 기존 웹툰 시장과 달리 자금력이 있는 1,700만 명의 성인 독자들을 목표고객으로 질 높은 웹툰 콘텐츠를 부분 유료 서비스로 제공합니다. 이것이 가치제안입니다. 제품콘셉트라고 할 수 있습니다. 이것은 성인들이 볼 만화가 없는 시장의 문제를 해결한 대안이 되었습니다.

여기서 혜택은 성인 만화를 볼 수 있는 것이고, 가격 정책은 유료로 돈을 받는 것입니다. 수익모델인 수익원은 독자들이 지급하는 콘텐츠 구입료와 레진코믹스의 작가진과 콘텐츠를 이용하여 광고 제작을 원하는 광고주들을 통해 수익을 올리고 있습니다. 최근에는 영화에 판권을 팔아 추가수익을 올리기도 합니다.

성인이 볼만 한 양질의 콘텐츠를 보기 편하고 이용하기 쉽게 온라인이나 앱을 통해 고객에게 제공한 점이 차별화 포인트가 됩니다. 특히 한국이 전 세계 웹툰 시장을 석권한 것은 작가에게 런닝캐런티 형식으로 인세티브를 주었기 때문입니다. 기안84 같은 만화가가 큰돈을 벌 수 있게 된 배경이기도 합니다. 이것이 다양한 콘텐츠 생산의 동인이 되어 현재 전 세계 만화시장을 석권하게 만든 원인이 되었습니다.

나머지 핵심지표로는 일 매출액, 신규가입자 수, 고객당 매출액, 유료 고객당 매출액, 유료사용자 전환율 등이며 채널로는 모바일과 웹입니다. 핵심지표는 창업 이후 고객이 생기면 관리되는 지표이므로 창업 초기에는 고려 대상이 안 됩니다.

지금까지 설명한 내용을 〈그림 7-2〉로 나타내 보았습니다.

<그림 7-2> 레진코믹스의 린 캔퍼스 (출처 : 김진수 외 4인, 『기술창업론』, 탑북스)

문제	해결책	가치제안	경쟁우위	고객군
- 작품성이 높은 만화가 적다 - 만화가의 수익원이 없다 - 어른이 볼 만화가 없다	- 사용자가 쉽게 검색하고, 쉽게 결제해 볼 수 있는 솔루션	- 다른 데서 찾을 수 없는 재미난 만화를 쉽게 결제해서 편안하게 볼 수 있는 만화 전문 사이트 - 기꺼이 유료로 만화 서비스를 받을 의사가 있는 고객을 모으는데 성공	- 독점적인 컨텐츠 - 장르 제한 없는 컨텐츠 - 쉽고 편리한 결제	- 1700만 만화 이용자 - 만화를 떠난 성인들 - 다양한 장르를 찾는 고객
	핵심지표 - 일 매출, 일 신규가입자수 - 고객당 매출 유료고객당 매출 - 유료사용자 전환율		채널 - 모바일 - 웹	
비용구조 - 인건비, 작가 원고료, 서버비		수익원 - 무료만화 먼저 보기, 유료만화 구매, 고화질 출판만화 구매		

레진코믹스 사례를 살펴보면서 우리는 린 캔퍼스에서 사용하는 몇 가지 중요한 용어를 대략 이해하게 되었습니다.

② PSST 방식으로 사업계획서 쓰기

　모든 사업계획서는 문제인식(Problem) → 실현가능성(Solution) → 성장전략(Scale-up) → 팀 구성(Team)으로 서술하게 되어 있으며, 머리글자를 따서 'PSST'라고 한다고 앞서 소개했습니다.

　첫 번째 작성 원칙은 창업하려는 제품콘셉트가 시장의 문제점을 해결하는 대안임을 강조해야 합니다. 문제 인식과 실현 가능성에 관한 설명입니다.

　이것은 사업계획서에서 '창업의 동기와 배경' 또는 '목적과 필요성'이라는 제목으로 다루어집니다. 기존 아이템의 문제점과 자신의 사업아이템의 장점을 잘 설명하면 됩니다. 자신의 제품콘셉트가 다른 사업아이템보다 우수한지 아닌지 점검해 보기를 바랍니다.

　보통 3가지 이야기 전개로 설명합니다. 첫 번째가 시장의 문제를 정의하고 그 해결책으로 대안을 설명하는 방식이고, 두 번째가 기후변화와 같은 누구나 공감이 되는 큰 주제를 던져서 그것과 관련된 문제를 해결하는 내용으로 작성할 수 있으며, 마지막은 현재까지 진행된 기존 연구를 자세히 설명하고 추가 연구에 필요한 자금을 지원받기 위한 목적을 서술하는 형식이 있습니다.

　예를 들어, 살 안 찌는 아이스크림은 여성들에게 아이스크림을 마음

껏 먹을 수 있도록 시장의 문제를 해결한 대안입니다. 이것은 첫 번째 접근 방법입니다. 또한, 미세먼지, 백연, 이산화탄소 등을 한 개의 장치로 해결한 것은 여러 개의 장치를 별도 구매해야 하는 현 시장의 문제를 해소한 획기적인 제품입니다. 이것은 두 번째 접근 방법입니다.

사업계획서의 첫 인상을 좌우하는 것은 창업 제품의 콘셉트가 시장의 고질적 문제를 얼마나 잘 해결했는지 입니다. 심사위원들에게 긍정적으로 어필할 수 있도록 작성해야 합니다. 이것이 첫 관문을 넘어가는 방법입니다. 위에서 설명한 세 가지 방식 중 하나를 선택하여 작성하면 됩니다.

두 번째 작성 원칙은 사업화 전략의 핵심인 제품 개발 계획을 설명하는 것입니다. 이는 실현 가능성에 대한 설명입니다. 일반적으로 제품 개발 계획과 추진 일정을 포함하여 상세히 기술합니다. 창업 자금이나 연구 개발(R&D) 자금에 따라 이 부분은 매우 세밀하게 정리해야 합니다. 비밀스러운 기술이라도 어느 정도 숨김없이 오픈해야 합니다. 만약 심사위원이 구체성이 부족하다고 지적할 경우에 문제가 발생할 수 있기 때문입니다.

제품개발과 관련하여 그 어떠한 질문이나 의문점이 발생하지 않도록 쉽게 설명하여야 하며, 그 추진 일정이 현실적으로 가능하도록 표로 정리해야 합니다. 한편, 정부자금의 용도가 연구개발(R&D)의 경우는 제품 개발계획에 더 집중하여 작성해야 합니다.

특히, 특허 기술의 경우 그 차별성과 현실적용 가능성 측면에서 잘 설명해야 하고 개발 단계별 그 성공 여부를 판단할 수 있는 측정 방법도 객관적으로 제시해야 합니다. 보통 이 부분을 허술하게 다루어서 떨어지는 경우를 많이 보았습니다.

세 번째 작성 원칙은 회사의 마케팅 계획을 통해 매출 가능성을 입증해야 합니다. 성장전략에 관한 내용입니다. 심사위원들이 제일 중요시하는 것은 매출 가능성입니다. 따라서 기술 개발한 제품을 어떻게 판매할 수 있을지 가능한 객관적이고 사실적으로 기술해야 합니다. 그러나 사실 쉽지 않을 수 있습니다. 수많은 스타트업이 망하는 이유도 기술이 부족해서가 아니라 판매하지 못해 생기는 문제들 때문입니다.

사업계획서에서는 PSST의 세 번째 S인 성장전략(Scale-up)이라는 항목에서 주로 이러한 내용을 다룹니다. 회사 매출이 없으면 도산하기 때문에 어쩌면 중요한 평가 요소가 됩니다. 대부분 심사위원이 매출 가능성을 집중적으로 보기 때문에, 마케팅 계획을 작성할 때 가장 주의해야 합니다. 창업자금의 경우 이 부분에 서술된 내용에 따라 탈락 여부가 결정된다고 보아도 무방합니다. 그만큼 중요한 내용입니다.

이 부분에서 추가로 자금조달 계획도 설명해야 합니다. 회사는 매출이 부족하면 외부에서 자금을 빌려와야 합니다. 그것에 관한 내용을 잘 정리해야 합니다. 창업 초기에는 제일 중요한 과제일 것입니다. 대출과 투자 등 필요 자금의 확보 방법을 자세히 서술해야 합니다.

네 번째 원칙은 '제품개발 능력이 있는 회사다.'라는 사실을 객관적인 자료로 증명해야 합니다. 인력구성에 관한 내용입니다. 아무리 좋은 아이템이라도 사업화가 성공하기 위해서는 그 사업에 투입되는 사람 구성이 중요합니다. 따라서 '제품개발 능력이 있는 회사다.'라는 사실을 증명하기 위해서 자기 회사 사람에 관해 자랑해야 합니다. 그 자랑이 객관적이라면 문제가 없습니다.

우리 직원이 창업하려는 분야에 관련된 경험과 역량이 있다는 것을 보여주어야 합니다. 이를테면 기업의 이력, 각종 인증이나 수상실적, 그리고 특허 보유 여부 등을 자세히 밝혀야 합니다. 회사의 CEO가 이 분야의 전문가라면 그 내용을 상세하게 소개해야 합니다.

본인뿐만 아니라 직원들의 역량, 연구원들의 능력까지도 관심을 끌수 있게 작성해야 합니다. 해외 유수의 공동사업자도 도움이 된다면 꼭 기술해야 합니다. 유명 연구소와 공동연구를 했다면 그 내용도 좋은 자료입니다. 사람이 핵심 자원입니다. 필요하다면 그 어떤 사람도 언급해야 합니다.

정리하면 1) 창업자와 직원의 경험과 역량, 2) 협력사의 역할, 3) 자문

그룹 등 세 가지 차원에서 표로 만들어서 설명하면 됩니다.

이것은 사업계획서 마지막 부분인 PSST의 마지막 T에서 팀 구성에 관해 구체적으로 다루게 됩니다. 전문 벤처투자가도 이 부분을 가장 중요하게 생각합니다. 결국, 팀 구성이 사업 성패를 결정하는 중요한 요소라고 생각하기 때문입니다. 사실 창업 구성원으로 양질의 사람이 있으면 웬만한 문제도 해결하고 초기 어려움을 잘 극복할 수 있습니다.

(2) 사업계획서 쓸 때 주의사항

첫째 주의사항은 보고 대상이 누구인지 명심해야 합니다. 우리가 작성할 사업계획서는 심사위원이 최종 보고자입니다. 정부 지원사업에 합격하려면 심사위원에 맞는 자료를 제공해야 합니다. 보고서 만드는 스타트업 대표의 관점이 아니라, 심사위원 관점에서 자료를 작성하여야 한다는 것입니다.

이분들은 기술보다는 창업아이템의 개발이 가능할까, 목표시장이 충분하여 매출 가능성이 클까, 경쟁 제품보다 어떤 차별성을 가지고 있어 경쟁력을 유지할 수 있는지, 그리고 창업아이템을 만들어 낼 수 있는 능력이 있는 팀을 구성하였는가를 궁금해합니다. 물론 기술 차별성도 중요하게 보긴 합니다. 하지만 정부 사업에 지원한 모든 팀의 기술을 심사위원이 다 알 수는 없습니다. 항상 심사위원이 고객이니, 고객이 관심 있어 하는 부분에 집중해 주기를 요청합니다.

두 번째 주의사항은 읽기 쉽게 작성해야 합니다. 사업계획서를 검토하는 시간은 충분하지 않습니다. 저도 심사위원으로 8년간 활동하면서 느낀 점은 사업계획서가 읽기 어렵게 되어 있으면, 좋은 평가를 받기 어렵다는 것입니다.

실용적 방법으로 무조건 단문으로 써야 하고, 표와 그림으로 작성해야 읽기 쉽습니다. 가능한 숫자를 활용하여 설득력을 높여야 합니다. 경쟁사 제품과 비교한 표와 그림을 매우 좋아합니다. 이런 내용에 신경을 써야 합니다.

세 번째 주의사항은 개발 로드맵, 매출 가능성, 인력 부분은 신경 써서 작성해야 합니다. 개발 로드맵은 반드시 표로 작성하고, 매출 가능성 관련 부분은 심도 있게 고민하여 기술하고, 마지막 팀 구성은 첨부된 자료를 참고하여 깔끔하게 기록하고, 특히 그분들의 경력을 자세하게 기술하여 역량과 경험이 높다는 사실을 객관적으로 증명하여야 합니다.

거듭 말씀드리자면, 콘텐츠의 3요소를 꼭 명심해야 합니다. '매출 가능성', '개발 로드맵', '인력' 부분입니다. 이에 관한 서술은 그 어느 것보다 주의 깊게 기술해야 할 내용입니다.

네 번째 주의사항은 심사위원의 시선에 관한 이야기입니다. 오로지 제 경험의 관점에서 설명하면 이렇습니다.

제일 처음 보는 것은 창업아이템 개요(요약) 부분입니다. 전체 사업계획서의 축소판이기 때문입니다. 여기의 내용은 1) 아이템의 명칭과 범주, 2) 소개, 3) 진출 목표시장, 4) 경쟁사 대비 차별성, 5) 산출물 및 개발 단계, 6) 이미지입니다. 심사위원 대부분은 이 자료에 근거해서 합격 여부를 50% 이상 의사결정을 합니다.

여기서 좋은 인상을 받으면 바로 맨 뒤의 팀 구성을 봅니다. 어떤 분들이 참여하고 대표가 어떤 경력과 경험이 있는지, 수상 경력이 있는지, 학벌은 어떤지, 팀원들도 전문가인지, 인력구성을 봅니다. 협력사와 자문그룹도 추가적 작성하면 좋은 점수를 받을 수 있습니다. 창업초기부터 좋은 파트너와 협력하면 제품개발에 큰 도움이 되기 때문입니다. 여기서도 좋은 인상을 받으면 합격권의 점수를 부여받을 수 있습니다.

제가 심사위원의 시선을 강조하는 이유는 여러분이 사업계획서 작성 시 중요한 부분을 명확히 인지하고, 그에 따라 전략을 세울 수 있도록 돕기 위함입니다. 사업계획서에서 어느 부분이 심사위원들에게 중요한지를 이해하면, 자신만의 방법론을 통해 효과적으로 작성할 수 있습니다.

다섯 번째 주의사항입니다. 사업계획서를 작성하다 보면 막히는 일이 종종 발생합니다. 어떻게 써야 할지 모르는 경우입니다. 마케팅의 기초를 다시 배워야 합니다. 그러다 보면 아이디어가 생각나고 작성할 내용이 채워지는 현실을 마주하게 될 것입니다.

최근에 어느 스타트업의 투자받는 일을 도와준 적이 있습니다. 그 대표님이 말하기를, "벤처투자가들에게 IR 할 때마다 부족한 점을 알게 되고, 그 덕분에 자료가 계속 좋아지는 것 같아요"라고 합니다. 즉, 자료 작성이 막히거나, 제삼자의 시각으로 부족함이 발견될 때 자료는 개선됩니다.

다시 한번 말씀드리자면, 막히면 원점으로 돌아가거나 제삼자에게 도움을 요청하는 것이 가장 좋은 해결책입니다. 그것이 정답입니다. 부업 또는 창업과 관련한 더 깊은 공부가 필요한 분은 저의 책 『2030 창업 길라잡이』을 참고하시면 도움이 될 것입니다.

요약

이번 장은 자기 사업인 창업에 관한 이야기입니다. 창업에 필요한 자금, 즉 정부 지원금 및 외부 투자를 받기 위해서는 반드시 사업계획서가 필요합니다. 사업계획서를 잘 쓰기 위해서는 기초가 되는 비즈니스모델 분석을 잘 공부해야 합니다.

창업용으로 활용되는 비즈니스모델 분석은 린 캔퍼스입니다. 이 분석 모델을 꼼꼼히 학습하시기를 추천드립니다.

사업계획서를 구체적으로 쓰는 방법은 PSST 방식을 따라야 합니다. 모든 사업계획서는 이 순서에 따라 작성됩니다. 여기서 P는 문제인식(Problem), S는 실현가능성(Solution), 그다음 S는 성장전략(Scale-up), 마지막 T는 팀 구성(Team)입니다.

사업계획서를 쓸 때 주의사항은 다음과 같습니다.

첫 번째는 보고 대상이 누구인지 명심해야 합니다.
두 번째는 읽기 쉽게 작성해야 합니다.
세 번째는 개발 로드맵, 매출 가능성, 인력 부분은 신경 써서 작성해야 합니다.
네 번째는 심사위원의 시선에 관한 이야기입니다. 제일 처음 보는 것은 창업아이템 개요부분입니다. 이 자료에 근거해서 합격 여부를 50% 이상 의사결정 합니다.
다섯 번째는 사업계획서 작성하다 막히면 마케팅 기초를 다시 공부해야 합니다.

◆ 이해문제 ◆

1 창업에서 사용되는 비즈니스모델 분석은 무엇인가요?

2 '가치제안'을 '제품콘셉트'로 용어를 변경해서 설명하는 이유가 무엇일까요?

3 사업계획서 쓰는 원칙을 영어 머리글자를 따서 무엇이라고 하나요?

4 사업계획서 쓸 때 주의사항을 적어보고, 동료들과 토론해 보세요.

5 사업계획서를 심사하는 심사위원 관점에서 제일 중요하게 생각하는 요소는 무엇인가요? 그 이유를 생각해 보세요.

THE FORMULA FOR CAREER SUCCESS

4부

현재 준비해야 할 일

겨울 산에 관해서 제 동네 친구는 이렇게 말합니다. "산에 잎이 다 떨어지고 나면 산 끝까지 다 보인다. 산이 벌거벗은 모습이다."라고. 그 말에 저는 공감하였습니다. 제 친구 말을 듣고 산을 다시 보니 실체를 보는 것 같았습니다. 산의 전체 모습을 정확하고 명료하게 볼 수 있습니다. 산의 모습과 골짜기의 진면모가 다 보입니다.

산의 전체 모습을 다 보아야 우리는 그다음 봄을 준비할 수 있습니다. 이 겨울 산은 새로운 탄생인 봄을 고대하게 합니다. 월동 준비를 잘해야 새로운 생명이 탄생하는 봄을 맞을 수 있습니다. 인생도 이와 비슷합니다. 진로 준비가 잘되어 있어야, 미래 진로의 문이 열리게 됩니다.

저에게 있어서 인생의 겨울은 남들보다 좀 더 일찍 시작되었습니다. 퇴직 후 상장회사 감사로 활동하면서, 대학에서 창업마케팅을 8년간 강의하였습니다. 겨울방학을 활용하여 창업 멘토링을 5년간 하였고, 판교 스타트업 캠퍼스에서도 리드 멘토로 3년간 일하기도 하였습니다. 이것이 인생 2막을 차근차근 준비할 수 있는 시간을 만들어 주었습니다.

드디어, 2018년 11월에 중소벤처부 소속 사단법인 '시니어공유경제연구원'을 만들었습니다. 이 단체를 활용하여 앞으로 남은 인생 30년을 '청년과 스타트업'을 돕는 사회봉사를 하기로 마음을 먹습니다. 인생의 새로운 출발이었습니다.

저는 2022년부터 그다음 해 6월까지 거의 1년 동안 '직업상담사' 자격증 관련 공부를 하였습니다. 2023년에 1, 2차 시험을 한 번에 합격하였고, 전문 자격증을 취득하게 되었습니다. 이 공부를 하면서 취업과 진로상담에 관한 이론과 관련 지식을 습득할 수 있게 되었습니다.

이 공부 덕분에 무료 검사지를 활용해서 사람들의 적성을 파악할 수 있게 되었습니다. 정부에서 제공하는 워크넷을 활용하여 무료 인적성 검사를 진행할 수 있었던 것이 가장 큰 수확이었습니다.

은퇴 후 앞서 설명한 다양한 일의 경험과 직업상담사 교육을 통해 얻은 지식이 자연스럽게 사단법인 설립과 연결이 됩니다. 그리고 제가 가지고 있던 콘텐츠와 동영상 등이 자연스럽게 사단법인에 교육용 홍보자료로 활용되었습니다. 이 모든 것이 새로운 출발의 준비과정이었습니다.

4부는 진로 '준비'에 관련된 이야기를 나누려고 합니다. 우선 1) 직업 찾는 노력을 소개했습니다. 2) 흥미와 관심을 끄는 일을 찾아 경험 쌓기를 시도해 보라고 권고하였습니다. 3) 독서와 글쓰기 훈련으로 자기소개서 작성을 제안하였고, 4) 자기 결정력 훈련으로 스스로 계획하고 실천하기에 관해서 조언해 보았습니다.

── ◆ 08 ◆ ──

평소에
진로 준비 활동을 경험하라

독립을 준비하는 청년에게 현재 해야 할 일을 조언하고 싶습니다.

첫 번째가 적성과 능력에 맞는 직업 찾는 노력을 경험해 보는 것입니다. 〈표 12-1〉을 참고하여 직업 선택 프로세스를 따라가다 보면 직업을 찾을 수 있습니다. 청소년 시절에 이런 시도가 유익합니다.

두 번째가 정해진 진로 목표가 정해지지 않았으면 흥미와 관심 분야를 정하고 경험해보는 것을 권고합니다. 의외로 그 과정에서 직업을 만나게 되거나, 좋은 분을 만나 그분들이 추천하는 회사에 취업하기도 합니다.

이런 경험을 강조하는 것은 좋아하는 일을 잘하는 일로 바꾸려면, 즉 직업을 찾는 것은 경험을 축적해야 하기 때문입니다. 소위 '만 시간의 법칙'이라는 것이 있습니다. 하루에 3시간씩 어떤 일에 집중하면 일 년이면 천 시간, 10년이면 만 시간이 걸립니다. 저절로 그 분야의 전문가가 된다는 이야기입니다.

만약 온종일 한 가지 일에 매달리면 약 3~4년 정도 걸립니다. 만 시간 법칙을 조기에 달성할 수 있습니다. 그래서 이직할 때 젊은 친구들에게 충고하는 것은 최소 3~4년은 한 직장에 다니라고 하는 겁니다.

제가 만난 어떤 친구도 3~4년에 한 번씩 이직해서 세 번째 직장을 다니고 있습니다. 공인회계사로서 회계법인에서 4~5년, 대기업 인수·합병 팀에서 3년, 현재는 대형 운영사에서 사모펀드(PEF) 담당자로서 자기 경력을 쌓아가고 있습니다. 약 10년 동안 자기가 좋아하고 잘하는 분야에서 다양한 일을 경험하면서 전문가의 반열에 오르게 되었습니다.

현재 우리가 준비해야 하는 것은 다양한 일을 경험해보는 것입니다. 그것이 자기 적성과 능력에 맞는 일이면 더욱 좋습니다. 좋아하고 기뻐하는 일을 아직 만나지 못 만난 경우도 마찬가지입니다. 현재 관심을 끄는 일이 발견되면 한번 시도해 보세요. 혹시 그 과정에서 자기에게 적합한 좋아하고 기뻐하는 일을 만날지도 모릅니다.

우리는 우리의 장래를 예상할 수 없습니다. 목표가 분명한 분들도 갑자기 기대하지 않았던 문이 열려 새로운 일을 하기도 합니다. 사람 일은 아무도 모릅니다. 이런 두 가지 활동을 꾸준히 하면 우리 인생의 문이 열리게 됩니다.

(1) 적성과 능력에 맞는 직업 찾아보기

진로에서 제일 중요한 것은 적성과 능력에 맞는 직업을 찾는 것입니다. 본인도 자신의 적성을 잘 모르기 때문에, 아래와 같은 직업 선택 프로세스를 따라 한 번 시도해 보는 것이 좋습니다.

<표 12-1> 직업 선택 프로세스

구분	1단계 (즐거워하는 일)	2단계 (직업 탐색)	3단계 (적성 여부 파악하기)
1	돈벌이의 즐거움	사업가, 자산운용책임자, 부동산 개발자, 벤처투자가	(1) 전공 선택하기 (관심 분야 공부하기)
2	아름다움의 즐거움	예술가, 실내장식 전문가, 무대 설치 전문가	(2) 복수전공 활용하기 (새로운 분야 공부)
3	창작의 즐거움	소설가, 목수, 작곡가	(3) 실제 인턴 해 보기
4	이해하는 즐거움	교수와 교사, 유치원 선생, 연수 전문가	(4) 선배 조언 듣기
5	주목받는 즐거움	광고 전문가, 탤런트, 연극배우	(5) 창업경진대회 참여
6	기술의 즐거움	엔지니어, 품질관리자	(6) 실제 창업 해 보기
7	남을 돕는 즐거움	의사, 간호사, 요양 보호사, 심리치료사, 사회복지사	(7) 해당 전문가 면담
8	앞장서는 즐거움	사장, 장교, 기획 전문가	(8) 관심 분야 책 읽기
9	질서의 즐거움	회계사, 물류관리사	(9) 부업 해 보기
10	자연의 즐거움	탐험가, 다큐 PD, 캠핑 전문가, 자연 해설사	(10) 자격증 취득하기
11	독립의 즐거움	자영업자, 프리랜서	

(출처) 알랭 드 보통, 『뭐가 되고 싶냐는 어른들의 질문에 대답하는 법』을 기초로 수정 보완 작성함

1단계로 내가 살면서 경험한 여러 가지를 떠올려 보면서, 나에게 어떤 즐거움이 있는지 파악해 봅니다. 즐거움에는 11가지가 있습니다. 예를 들어 내가 청소년 시절 혹은 대학 시절에 나에게 '이해하는 즐거움'이 있었다면 4번을 따라갑니다. 4번 이해하는 즐거움에 해당되는 직업으로 교수와 교사, 유치원 선생, 연수 전문가 등 가르치는 직업과 연결됩니다.

　또 다른 사례로 어떤 경험을 통해 9번의 '질서의 즐거움'에 관심을 가지게 되었다고 가정해 봅니다. 그러면 먼저 이와 관련된 회계사나 물류관리 전문가라는 직업을 탐색해 보아야 합니다. 이것이 2단계입니다. 마지막으로 이것이 실제 제가 잘할 수 있는지 전공해 보거나 관련 자격증 공부를 시도해 보아야 합니다. 이것이 3단계입니다. 그 과정에서 자연스럽게 자기 적성과 능력을 알게 됩니다.

　본인이 어떤 즐거움에 관심이 있는지 파악할 수 있는 여러 가지 심리 테스트가 있습니다. 중고등학교 다닐 때 이런 검사를 한 경험이 있어서 낯설지 않을 것입니다. 또 고용노동부가 운영하는 워크넷에 들어가 보면, 무료로 해 볼 수 있는 직업 관련 적성 검사지가 있습니다. 대표적인 것이 맥클랜드의 직업 선호도 검사입니다. 이런 검사를 통해서 자기가 어떤 일에 적성이 맞는지를 파악해서, 좋아하고 즐거워하는 일을 꾸준히 생각해 보아야 합니다.

실제 자기 경험을 통해서도 자신이 무엇을 좋아하고 무엇을 즐거워하는지 알 수 있습니다. 저는 '이해하는 즐거움'을 흠모하고 잘하는 것 같았습니다. 그 당시 저는 섬마을 선생님 영화를 보면서 막연히 초등학교 선생님이 되려고 했습니다. 특히 대학 다닐 때 성적을 쑥쑥 잘 올리는 과외선생님으로 명성을 날리기도 했습니다.

이런 선생의 꿈은 은퇴 후 인근 대학에서 마케팅 교수로 대학생을 가르치면서 뒤늦게 이루어졌습니다. 이와 연결해서 청년들의 자소서와 면접을 가르치는 재능도 함께 발견했습니다. 이처럼 자기가 좋아하고 즐거워하는 일은 1) 적성 검사나 2) 자신의 실제 경험을 통해서 발견됩니다. 내가 누구인지 늘 관심 있게 주의를 가지고 관찰하십시오.

또 하나 조언하고 싶은 것은 3) 친구나 선배 혹은 부모 등 제삼자의 시각입니다. 자기 자신보다 친구나 동료 혹은 부모님들이 더 자신의 즐거워하고 좋아하는 일을 잘 찾아 줄 수 있습니다.

저도 자식을 키우지만 두 명의 자녀의 적성과 능력이 완전 정반대입니다. 첫째는 '앞장서는 즐거움'이 있습니다. 어떤 문제가 생기면 스스로 그 해답을 찾으려고 백방으로 찾아보며 시도해 보면서 대책을 수립하는 스타일입니다. 반면에 둘째는 남들의 이야기를 어릴 때부터 잘 들어주고 같이 놀아주며 누가 상담해오면 이성적으로 판단해주고 조언하는 것을 좋아합니다. '남을 도와주는 즐거움'이 있습니다. 어떤 직업을 가질지 궁금합니다.

 직업 탐색 단계로 자신이 발견한 즐거움 속에서 관련 직업을 탐색해 보는 것입니다. 여기서는 11가지 즐거운 일에 대응해서 직업들이 나열되어 있습니다. 모든 직업을 나열했다기보다는 대표가 되는 직업을 제시하였습니다. 새로운 직업들이 계속 생기기 때문에, 직업 탐색하는 시간을 따로 갖는 것도 유익합니다.

 직업 카드와 직업 사전 등을 찾아보면, 자기가 궁금한 직업에 대해서 알 수 있습니다. 시중에 관련된 책도 많이 있습니다. 또 고용노동부 사이트인 워크넷에 접속하면 직업에 관한 정보를 알 수 있습니다. 그런데도 상당히 많은 친구가 직업에 대해서 잘 모르는 경우가 많습니다.

 그 이유는 1단계인 자기가 무엇을 즐거워하는지, 무엇을 좋아하는지 자신도 모르기 때문에, 2단계인 직업 탐색에 관심이 없을 수 있습니다. 저도 대학 들어갈 때 경제학과, 통계학과, 경영학과를 구분하지 못했습니다. 그래서 부모님의 의견에 따라 결정되었습니다. 교수 집안에는 교수가 많고, 교사 집안에는 교사가 많고, 심지어 의사 집안에는 의사가 많습니다. 가족이 직업 결정에 많은 영향을 주는 것도 사실입니다.

 제가 직업상담사 공부할 때 가족의 직업을 사돈의 8촌까지 조사하는 것을 배웠습니다. 그것을 '직업가계도(Genogram)'라고 합니다. 가족의 직업 특징을 도표화하여 가족의 직업 결정 영향도를 파악하는 것입니다. 이처럼 직업 선택에 있어서 가족의 영향은 매우 중요합니다.

마지막 3단계로 즐거운 일을 찾고 그와 관련된 직업 탐색이 완료되었다면, 이제 적성에 맞는지 다양한 시도를 경험해 보는 것입니다.

그 다양한 방법으로 저는 1) 전공 선택하기(관심 분야 공부), 2) 복수전공 활용하기(새로운 분야 공부), 3) 실제 인턴 해보기, 4) 선배 조언 듣기, 5) 창업경진대회 참여하기, 6) 실제 창업 시도하기, 7) 분야 전문가 면담하기, 8) 해당 분야 책 읽기, 9) 부업 해보기, 10) 자격증 취득하기 등을 추천하였습니다.

이런 프로세스를 통해 자연스럽게 즐거워하는 일 속에서 직업을 찾을 수 있게 됩니다. 이것이 직업을 찾는 가장 기본이 되는 프로세스입니다. 사실 해 보지 않으면 내 적성과 능력에 어떤 직업이 맞는지 잘 모릅니다. 한번 해 보면 금방 알 수 있습니다. 머릿속으로 상상만 하지 말고 적극적으로 직업을 찾는 프로세스에 도전해 보기를 조언합니다. 실제로 실행하고 경험해 보는 것이 직업 선택의 비법입니다.

(2) 흥미와 관심 끄는 일 경험하기

우리는 자신이 무엇을 하고 싶은지 모르는 경우가 많습니다. 진로가 결정이 안 된 경우입니다. 우선 흥미와 관심 끄는 일을 찾아보고, 경험 쌓는 일을 해보아야 합니다. 대학에서는 흥미와 관심 있게 일할 수 있는 활동들이 많습니다. 수업 시간에 팀별 발표도 있고 동아리 활동도 있습니다. 봉사활동도 좋습니다. 대학원 연구실에서 공동연구를 통해 자연스럽게 흥미와 관심 끄는 일을 경험하게 됩니다. 아르바이트도 매우 좋은 경험을 쌓는 도구입니다.

 닥치는 대로 가리지 말고 해보세요. 자기의 적성과 능력을 찾는 기회도 되고, 좋은 인맥을 만들 수 있는 계기도 됩니다. 여행과 풍류를 배우는 것도 좋은 경험입니다. 춤과 음악은 풍류의 기본입니다. 음악 듣기도 좋고 우리나라 악기 연주도 그럴듯해 보입니다. 해외여행이 어려우면 국내여행도 좋습니다. 친구들과 함께 시도해 보십시오. 낯선 세계와의 만남은 새로운 경험을 접하게 만들어 줍니다. 그러면 안목과 식견이 넓어집니다.

 저의 딸 친구들은 뉴욕 여행을 위해 아르바이트를 세 탕씩 뛰면서 돈을 모은다고 합니다. 뉴욕과 올란도를 여행할 계획이라고 합니다. 유럽여행을 단독으로 기획하고 추진하는 청년도 보았습니다. 부모님과 산티아고 순례길을 다녀오고 너무 좋아서 스스로 돈을 모아 다시 간 친구도 있습니다.

 일본의 어느 갑부는 경험의 중요성을 강조하면서, 자신의 책인 『가진 돈을 몽땅 써라』에서 "다시 살 수 없는 경험에 투자하라"고 조언합니다. (호리에 다카후미, 『가진 돈은 몽땅 써라』, 샘앤파커스) 이런 경험들이 모여 자기 재산이 되기도 하고, 자기소개서의 좋은 이야기 소재로 발전되기도 합니다. 좋은 사람을 만나 전혀 엉뚱한 진로의 문으로 들어가기도 합니다. 여하간 경험을 쌓으세요.

정리하면, 진로 방향이 명확하지 않은 젊은 친구들은 자기의 관심을 끄는 일을 찾아서 많은 경험을 해 보아야 합니다. 성공이든 실패든 모두 다 유익합니다.

추가로 갭이어(Gap year)라는 제도를 소개합니다. 서구에서는 학업을 잠시 중단하거나 병행하면서 자기가 하고 싶은 일, 끌리는 일을 찾는 기간을 가집니다. 주로 이 기간에 봉사, 여행, 진로 탐색, 교육, 인턴, 창업, 워킹홀리데이 같은 활동을 합니다.

한국에 있는 대학생들도 1년 정도 쉬면서 캐나다와 호주로 워킹홀리데이를 다녀오거나 코이카 국제 봉사단에 참가하는 예도 있습니다. 아르바이트로 돈을 모아 해외여행을 가는 학생도 있습니다. 해외 어학연수를 다녀오기도 하고, 대학생 국토 순례에 참여하여 전국을 걷기도 합니다. 집 짓는 봉사인 해비타트 활동에 참여하여 땀을 흘리는 대학생들도 있습니다.

1년 정도 갭이어를 하면서 나를 돌아보고 다양한 경험을 하는 것은 진로 탐색에 매우 좋은 기회라고 저는 생각합니다.

요약

이번 장은 진로 준비 활동에 관한 이야기입니다. 평소에 습관처럼 해야 하는 내용을 담고 있습니다.

첫 번째가 적성과 능력을 통해 직업을 찾는 방법에 따라, 한번 시도해 보는 것입니다. 3단계 과정이 있습니다. 그것을 따라 하다 보면 자연스럽게 자기에게 맞는 직업을 발견하게 됩니다.

1) 자기가 즐거워하는 일을 찾아봅니다. 11가지의 즐거워하는 일이 존재합니다.
2) 이에 관한 직업을 탐색해 봅니다.
3) 적성과 능력에 맞는지 다양한 시도를 해 봅니다.

이런 시도는 젊어서 해야 합니다. 사회 진출하기 전에 해야 합니다. 시간이 많을 때 도전해 보고 시도해 보고 자기를 알아가야 합니다.

다양한 시도에는 1) 전공 선택하기(관심 분야 공부), 2) 복수전공 활용하기(새로운 분야 공부), 3) 실제 인턴 해보기, 4) 선배 조언 듣기, 5) 창업경진대회 참여하기, 6) 실제 창업 시도하기, 7) 분야 전문가 면담하기, 8) 해당 분야 책 읽기, 9) 부업 해보기, 10) 자격증 취득하기 등을 추천하였습니다.

두 번째가 진로가 확정되지 않은 친구들은 자기에게 흥미를 주는 관심 분야를 정하고, 경험해 보는 것입니다. 관심 분야에 대한 경험이 쌓이면, 자기 적성과 능력에 맞는 일을 만나게 됩니다. 혹은 그 과정에서 만난 인맥으로 의외의 직업을 갖기도 합니다.

추가로 서구에서 유행하는 갭이어 제도를 소개하였습니다. 청년 시절에 1년 정도 쉬면서 다양한 활동을 통해 경험을 쌓는 것은 유익합니다. 대개 봉사, 여행, 진로 탐색, 교육, 인턴, 창업, 워킹홀리데이 등을 시도한다고 합니다. 우리나라 대학생들도 보통 1년간 이와 유사한 활동을 하면서 보내는 학생들이 점점 늘고 있는 것 같습니다.

◆ **이해문제** ◆

1 재능과 능력에 맞는 직업 찾기 3단계가 무엇인가요?

2 본문에서 제시한 다양한 시도 이외에 직업을 찾는 방법이 있으면 기록해 보세요.

3 관심 있는 일을 해보려고 취미클럽이나 동아리 활동 등을 한 적이 있습니까? 왜 하게 되었는지 생각해 보세요.

4 여행을 위해서 돈을 모은 적이 있나요. 만약을 돈을 모아서 여행한다면 구체적으로 어느 나라를 여행할 계획인가요? 생각해 보고 동료들과 함께 토론해 보세요.

5 흥미와 관심 끄는 일을 경험했던 내용을 공유해 보세요. 실패했다면 어떤 교훈을 얻었는지, 성공했다면 무엇을 발견했는지 동료들과 토의해 보세요.

09
진로에 필요한 기초 훈련을 시도하라

세계 최장기 성인 발달 종단 연구를 40여 년간 한 '베일런트'라는 정신과 교수가 있습니다. 이분의 연구는 인간의 행복에 관한 폭넓은 통찰로 연결되어 큰 반향을 일으켰습니다. 그 내용을 담은 책이 『행복의 조건』이고 '하버드대학교 출신의 인생 성장보고서'라고 불립니다. (조지 베일런트, 『행복의 조건』, 프런티어)

이 연구에서 청소년기에서 성년기로 전환하는 시기, 즉 20~30대 젊은이들은 1) 정체성, 2) 친밀감, 3) 직업의 안정성 등의 단계를 거치면서 사회 정서적으로 발달한다고 합니다. 이 주장은 에릭슨의 심리 사회적 발달이론에 기초하고 있습니다.

제가 이 세 가지 변수에 집중하게 된 이유는 이것이 진로 준비에 필요한 적합한 과제로 생각했기 때문입니다. 특히 정체성의 정의가 지금까지 제가 아는 바와 달라 주목하게 되었습니다. "정체성이란 부모로부터 독립된 자기만의 생각, 즉 자기만의 가치, 정치적 견해, 열정, 취향 등이다"라고 하였습니다.

저는 이번 장에서 자기만의 생각을 갖는 정체성 확립 방법으로 독서와 글쓰기, 자기 결정력 훈련 등을 제시하였습니다. 그러나 2030 젊은 이들에게 독서와 글쓰기 훈련이 현실적으로 어려워 자기소개서 작성 훈련으로 대체하여 조언하였습니다.

다른 두 가지 변수 중 친밀감, 즉 인간관계에 관해서는 5부에서 다룰 예정입니다. 직업의 안정성 확보에 관한 준비는 3부에서 자소서 쓰기, 경력 기술서 작성하기와 사업계획서 만드는 방법 등을 통해 이미 설명하였고, 바로 전장에서 직업을 찾는 경험이 중요하다고 조언도 하였습니다.

정리하자면 독립을 준비하는 2030 청년들은 1) 자기 생각을 정리하는 정체성 확립 훈련, 2) 주위 사람과 원만한 인간관계 형성, 3) 직업의 안전성 확보를 위한 노력 등 세 가지 방향으로 준비하고 훈련해야 합니다.

이번 장에서는 진로에 필요한 기초 훈련에 관해 소개하겠습니다. 그것이 자기소개서 쓰기이고, 그다음이 스스로 목표와 계획을 세우고 실천해 보는 자기 결정력 훈련입니다.

(1) 자기소개서 쓰기 훈련하기

진로를 준비하는데 필요한 자기만의 생각을 갖는 훈련은 독서하기와 글쓰기입니다. 하버드대학에서 150년간 강조한 것이 비판적 사고

인데, 이것이 독서와 글쓰기에 비롯된다고 합니다. (송숙희, 『150년 하버드 사고력 수업』, 유노북스) 특히 비판적 사고를 높이기 위한 방법론으로 '관찰, 성찰, 통찰'이라는 하버드식 사고법을 제시하고 있습니다. 또 다른 언어학자는 비판적 사고를 위한 방법으로 장문 읽기를 추천하면서, 소설책 읽기를 그 대안으로 제시하기도 합니다. (나오미 배런, 『다시 어떻게 읽을 것인가』, 어크로스)

요즘 청년들은 책 읽는 습관이나 글 쓰는 훈련이 매우 부족합니다. 저는 취업 준비하는 청년들을 많이 만나보았습니다. 그들의 자기소개서를 살펴보면 독서가 부족하여 좋은 표현이 부족하고, 쓰기 훈련이 부족하여 논리적으로 글을 잘 표현하지 못하는 경우가 많이 있습니다.

저의 경우 독서는 어려서부터 꾸준히 해왔으나 글쓰기는 평생 해보지 못했습니다. 책 3권을 출판하다 보니 강제로 쓰는 훈련을 하게 되었습니다. 강제로 하지 않으면 평범한 청년들이 실천하기 어려운 과제이긴 합니다.

독서하기와 글쓰기가 현실적으로 훈련이 어렵다면, 그 대안으로 자소서 쓰기 훈련을 추천합니다. 취업하려면 반드시 써야 하므로, 이런 훈련은 누구에게나 꼭 필요합니다. 제가 만난 청년 중 취업하지 못하던 분들이 자소서 쓰기를 하면서 자신감을 얻은 경우가 많았습니다.

앞서 소개한 것처럼 저를 만난 한 청년이 1년간 노래를 작곡하고 편곡과 마케팅 활동을 한 공백기를 어떻게 표현해야 할지 고민했습니다. 저는 그 활동을 '1인 창업'으로 해석해 주었습니다. 그 해석에 자신감을 얻었고 면접 때마다 질문을 받았으며, 좋은 경험이라고 면접관들이 말해주었다고 합니다. 결국 꿈에 그리던 재보험사 애널리스트로 취업하게 되었습니다.

이분들이 저와 자소서 쓰기 훈련하면서 자신감을 얻었고, 자기 내면이 강해지면서 자신만의 매력을 발산하게 되었습니다. 독립을 준비하는 청년들에게 이런 자소서 쓰기를 꼭 실천해 보길 당부드립니다.

〈사례 9-1〉에 자소서 쓰는 방식과 내용, 그리고 사례 등을 첨부하였으니, 이것을 참고하여 자소서 쓰는 훈련을 시도하십시오.

이것은 자기 생각을 정리하고, 독립적 사고를 하게 만듭니다. 이 같은 훈련을 통해 자신만의 내면 매력으로 정착된다면 취업에 도움이 됩니다.

구체적으로 1) 자신의 강점이 무엇인지, 2) 실패 경험과 성공 체험 등을 정리합니다. 자기에 일어난 실제 경험을 이야기로 풀어내야 합니다. 마지막은 3) 장래 희망이 확정된 경우, 그것을 위하여 추진한 내용을 쓰면 됩니다. 그러나 4) 장래가 아직 결정되지 않고 탐색 중인 경우는 최근 관심사 등을 서술하면 됩니다. 5) 모두 스토리텔링 형식으로 작성하면 됩니다.

<사례 9-1> 자기소개서 쓰는 훈련 방법

1. 자기소개서 내용 (총 3개)

  (1) 자신의 강점
  (2) 실패 경험 혹은 성공 체험
  (3) 장래 희망 혹은 최근 관심사(진로 미결정자의 경우)

2. 자기소개서 실제 사례

[남들과 다른 삶 : 대학 중퇴 후 사회진출] → 자신의 강점

저는 겁 없이 대학 중퇴 후 동대문 밀레오레에서 여성복 실장(공동대표)으로 사회생활을 시작하였습니다. 이때부터 약 10년간 다양한 영업의 세계에서 발로 뛰며 성장해왔습니다. 군 제대 후 근무했던 신세계백화점 갤럭시에서는, 전국 96개 점포 중 89등이던 저의 매장을 3년간 23등으로 매출을 신장시켰습니다. 그 결과 삼성물산 패션 부문 부사장과 신세계백화점 지점장에게 우수 판매상을 각각 표창받은 경험이 있습니다.

당시 영업 비법 3가지는 다음과 같습니다.

(1) 일행과 함께 매장에 방문하면 상품 구매력이 있는 고객을 공략하여 세일즈합니다. (2) 신체적 특징을 고려하여 2회 이내에 알맞는 사이즈와 색상의 제품을 추천합니다. (3) 재방문한 고객에게 최초 내점 때와는 다른 외적인 변화를 칭찬하고 웃으면서 다가가 응대합니다.

[20살에 만난 사업 실패와 배운 교훈] → 실패와 성공 경험

저는 학교 중퇴 후에 친한 친구 누나와 동대문 밀레오레에서 여성복 매장을 운영하였습니다. 당시 '꽈배기 니트'라는 주력상품과 '레트로 패션, 캐주얼 상품' 등으로 월 매출 1억을 달성하였습니다.

어린 나이에 연 1억 정도의 수익을 벌었습니다. 여성복 성공의 자신감으로 남성복 라인을 런칭하게 되었습니다. 아무런 시장 반응조사 없이 남성복을 만든 결과, 고스란히 재고로 쌓이게 되었고, 그 당시 돈으로 4억 2천만 원의 부채를 떠안고 파산하게 되었습니다.

친구 누나가 실질적인 대표여서 법인 부채는 개인 자산으로 상환하였습니다. 하지만 운영 당시 디자인을 제외하고 모든 것은 본인이 앞장서 진행하고 관리했으며, 사실 남성복으로 확장하자고 주장한 것도 저였습니다. 미안했습니다. 제가 무리한 사업 확장을 주장하지 않았다면, 큰 손해가 없었을 것이기 때문입니다. 이때 저는 성공에 도취해서 무리하게 빚으로 사업하는 것의 위험성을 깨닫게 되었습니다.

[영업의 마지막은 고객관리 전문가(PB)] → 장래 희망 및 관심사

백화점 소사장으로 근무하면서 출국을 앞둔 외국계 헤지펀드 매니저로 근무하던 고객과 많은 대화를 나눈 적이 있습니다. 그분과 저는 매일 11시 만나 점심 식사와 많은 대화를 함께 했습니다. 그 결과 이틀간 1230만 원의 세일즈를 했습니다. 이때의 경험으로 판매는 단순히 상품을 판매하는 것이 아니라 고객과의 친밀감이 중요하다는 것을 알게 되었습니다. 또한 변함없이 내방해주시는 고객들을 관리하면서 제가 개인 고객관리에 강점이 있다는 것을 알게 되었습니다.

저는 남들과는 다른 개인 고객 응대 경험과 고객관리 역량이 있습니다. 입사 후 희망 업무는 PB 업무이며, 금융권 경험을 쌓기 위해 대출 영업팀장으로 근무했습니다. 또한 단기간에 자격증(5개)을 획득했습니다. 대출 영업팀장 근무 당시 4년간 총 481.63억 원(연 평균 130억 원)의 여신 상품을 판매했으며, 평균 1.5억의 급여를 수령 했습니다. 이러한 저의 역량을 발휘할 수 있는 업무라 판단되어 지원하였습니다.

(2) 스스로 목표와 계획을 세우고 실천하기 : 자기 결정력 훈련

독립을 준비하는 청년에게 추천하고 싶은 훈련은 자기가 스스로 목표와 계획을 세워보고 실천하는 것입니다. 예를 들어 친구와 여행 목표와 계획을 세워보고 실제로 여행을 가보는 것입니다.

혹은 살 빼기 위한 체중감량 계획을 세워보고 실천해 보는 것입니다. 저도 몸무게 10kg 정도 감량 후에 몸무게를 유지하기 위해 매일 8천 보 걷기를 목표로 세웠습니다. 실천 방법으로 아침에 뒷산인 수락산을 40~50분씩 산책하는 루틴을 만들었습니다. 또 하나의 루틴은 식사 후 항상 10~20분씩 산책을 하는 것입니다. 마지막으로 약속이 있는 경우 반드시 지하철을 활용하고 가능한 도보로 이동합니다.

결과적으로 이 3가지 실천 계획대로 수행하다 보니 저의 생활 루틴으로 정착되었습니다. 물론 몸무게도 원하는 무게로 유지되는 결과를 얻었습니다. 현재 아침 기상 후의 몸무게를 83kg 내외로 유지하고 있습니다. 원래는 93kg이었습니다. 최근에는 목표를 올려 하루 1만 2천 보에 도전하고 있습니다. 물론 일이 많이 몰려왔을 때 하루 목표를 달성하지 못하는 때도 있었습니다. 그런 날은 저녁 10시에 부족한 걸음 수를 채우기 위해 밤늦게 동네 한 바퀴를 돌았습니다.

심리학자들은 '스스로 목표와 계획을 세우고 실천하기'를 자기 결정력이라고 부릅니다. 이 능력은 어떤 직업을 갖든 어떤 진로를 선택하든 가장 기초가 되는 역량이라고 합니다. 일을 스스로 결정하는 것 자체가 진로 선택 과정에서 우리에게 자존감과 성취감을 가져다주고, 정신과 신체 건강 모두에 필요한 영양소와 같다고 합니다.

정신과 의사인 김혜남 선생의 베스트셀러『생각이 너무 많은 어른들을 위한 심리학』에서 같은 주장을 합니다.

요양원 거주 노인들을 대상으로 스스로 더 많이 결정하도록 장려하는 실험을 했다고 합니다. 방문객의 장소, 영화를 볼 것인지 아닌지, 본다면 언제 볼지, 돌볼 화분 선택, 물 줄 시간 등을 스스로 결정하게끔 했습니다. 결과적으로 1년 6개월 후 그분들은 더 쾌활하고 활동적이며 민첩해졌다고 합니다. 사망률도 비교집단보다 절반 수준으로 낮아졌다고 합니다.

무슨 일이든지 목표와 계획(Plan)을 세우고 실천(Do)하며 그 결과를 피드백(See)하는 프로세스를 경험해 보는 것은, 자기 생각과 관점을 갖게 하는 좋은 훈련입니다. 이것의 머리글자를 따서 'P-D-S 프로세스'라고 합니다. 이런 P-D-S 프로세스 훈련 결과가 실패이든 성공이든 배움이 있습니다. 성공하면 자신감을 얻고, 실패하면 부족한 점을 보완할 수 있는 배움의 기회가 됩니다. 그러면서 자기 내면이 강해지고 자신만의 매력을 쌓게 되는 것입니다.

'스터디안'이라는 유튜브 채널에서 이 PDS 프로세스를 강조하여 다이어리 방식으로 쓰는 훈련을 하고 있습니다. 참여하면 익히기가 쉬울 것입니다.

저도 스스로 목표와 계획을 세우고 실천한 사례가 있습니다. 바로 '청년과 스타트업을 돕기 위한 목적'으로 결심한 나의 창업 이야기입니다. 어느 날 후배가 연락하여 사단법인을 만들자는 제의를 하였습니다. 그는 아이디어를 가지고 있지만, 구체적인 사업 계획을 세우는 데 어려움을 겪고 있으니 도와달라는 내용이었습니다.

그러나 사단법인을 만들자고 제의했던 후배는 물론 저의 친구와 후배들로 구성된 10명의 이사진들도 대부분 현직에 있었으므로, 사단법인 정상화 문제는 오로지 저만의 책임이 되었습니다. 저는 설립 후 3년 동안 창업자로서 외로움이 무엇인지 뼈저리게 알게 되었습니다.

어떻게든 성장시켜야 한다는 책임감이 3년 만에 적자를 흑자로 바꾼 원동력이 되었습니다. 처음에는 기대하지 않았던 곳에서 수익을 창출하게 된 것입니다. 제 친구가 한국과학기술정보원의 선임연구원으로 있었는데, 그는 스타트업을 지원하는 프로그램을 저희 사단법인에 소개해 주었습니다. 이 프로그램은 스타트업이 필요로 하는 시장조사 자료를 제공하는 서비스입니다. 더불어 이 연구용역 서비스를 받는 스타트업이 우리에게 '고객반응조사' 프로젝트를 주어 이 계기로 우리는 흑자 전환을 이루어냈습니다. 처음부터 연구용역 분야에서 매출이 발생할 것이라고 예상하지 못했던 일이었습니다.

최근에는 임원 후계자 양성 교육 기관으로 지정받아 교육 서비스를 제공하게 되었습니다. 이는 특정 교육 기관만이 가능한 자격이며, 이로 인해 올해부터 일정한 매출이 예상되며, 이 사업을 계기로 수익이 더욱 안정화될 것으로 기대합니다. 앞으로는 사단법인에서 창출되는 수익을 청년과 스타트업 지원을 위한 재능 기부 활동에 모두 투자할 계획입니다.

과거에는 인재를 뽑을 때 '신언서판'이라는 기준을 사용했다고 합니다. 첫 번째 '신'은 외모를 의미하며, '언'과 '서'는 말과 글을 통해 평가합니다. 마지막 '판'은 판단력을 의미하는데 이는 자기 결정력을 향상시킬 수 있는 훈련을 통해 개발될 수 있습니다. 이렇듯 판단력은 과거나 현재에서도 중요한 역량 중 하나입니다. 자기 결정력을 향상시키기 위해 끊임없이 자기 발전에 힘써야 합니다.

◆ 요약

이번 장은 진로에 필요한 기초 훈련에 관한 이야기입니다.

첫 번째는 책을 읽고 쓰는 훈련입니다. 독서는 자신의 생각을 정리하는 데 큰 도움이 됩니다. 독립적으로 인생을 살아가려면 모든 일을 스스로 결정해야 합니다. 그 기초가 되는 것이 바로 독서와 글쓰기 훈련입니다. 하지만 이것이 쉽지는 않습니다. 현실적으로 적용하기 위해 제가 추천하는 방법은 자기소개서 쓰기 훈련입니다.

구체적으로, 1) 자신의 강점이 무엇인지 정리하고, 2) 실패 경험과 성공 체험 등을 이야기로 풀어내는 것입니다. 자신의 실제 경험을 바탕으로 작성해야 합니다. 마지막으로, 3) 장래 희망이 확정된 경우 그 목표를 위해 추진한 내용을 쓰고, 4) 장래 희망이 아직 결정되지 않았다면 최근 관심사 등을 서술하면 됩니다. 5) 모든 내용을 스토리텔링 형식으로 작성하면 됩니다. 여기에 제시된 자기소개서는 실제로 합격한 사례입니다. 잘 벤치마킹하면 큰 도움이 될 것입니다.

두 번째는 스스로 목표와 계획을 세우고 실천하는 것입니다. 이는 독립에 필요한 훈련일 뿐만 아니라 자기 사업의 기초가 됩니다. 인생에서 해야 할 일이 많이 있습니다. 스스로 그 문제를 해결하기 위해 계획을 세우고, 잘 되지 않을 때는 수정해보는 과정은 많은 도움이 됩니다.

자기 주도적으로 해보는 이러한 훈련은 독립과 자립뿐만 아니라, 자기 사업의 기초가 되는 꼭 필요한 경험입니다. 최근 연구에 따르면 노년 건강에도 유익하다고 합니다. 저는 이것을 자기 결정력 훈련이라고 부릅니다.

◆ 이해문제

1 자기소개서 쓰기 훈련의 핵심 내용은 세 가지입니다. 그 세 가지를 찾아보고 내게 부족한 부분이 무엇인지 생각해 보세요.

2 자기 스스로 계획해서 실천해 본 경험이 있습니까? 있으면 그 내용을 기술해 보세요. 친구 혹은 다른 사람의 도움이 있었다면 그 내용도 함께 이야기해 보세요.

3 스스로 계획을 세워서 실천하는 과정에는 어려움이 있습니다. 그 어려움은 무엇이었는지 동료들과 이야기해 보세요.

4 스스로 계획 세우고 실천하는 훈련은 무엇에 유익한지 본문의 내용으로 답해 보세요.

THE FORMULA FOR CAREER SUCCESS

5부

인생에서 만나는 문제 :
외로움, 억울한 일, 재정관리

요즘 기후를 보면 엄청난 비와 바람을 동반한 태풍이 자주 발생하여 많은 재난과 피해를 초래합니다. 갑작스러운 가뭄으로 농작물이 말라가는 현상도 발생합니다. 이제 봄, 여름, 가을, 겨울이 순차적으로 평범하게 찾아오지 않습니다. 기후 변화가 불규칙하고 이상하게 나타나고 있습니다.

인생에서도 불규칙한 기후처럼 평범하지 않은 어려운 문제가 찾아옵니다. 그중 가장 큰 문제는 바로 인간관계입니다. 부모와 자식, 친구와 친구, 상사와 부하, 동료 간, 그리고 부부 사이 등 다양한 종류의 인간관계가 존재합니다. 이러한 관계 문제를 잘 해결하면 행복이 찾아오지만, 실제로 살아보면 관계 문제는 결코 쉽지 않습니다.

이 글에서는 관계 문제의 원인을 분석하고, 청년들이 자주 겪는 외로움을 극복할 대안을 찾아보려고 합니다. 그 첫 번째 단계는 관계 순환 사이클을 통해 문제를 진단하는 것입니다. 이러한 진단이 정확하면, 시간이 걸리더라도 반드시 해결될 거라는 희망이 생깁니다.

특히 관계에 위기가 닥쳤을 때, 자신을 지지해주는 버팀목이 되는 사람이 필요합니다. 그런 사람이 없다면, '키다리 아저씨'와 같은 역할을 해줄 사람을 찾아보길 권합니다. 인간 버팀목 역할을 하는 사람을 주변에 두는 것이 외로움을 극복하는 최고의 해법입니다.

이제는 멘토가 필요한 시대입니다. 상담자를 만나야 합니다. 적극적으로 찾아야 합니다. 친구도 하나의 대안이 될 수 있습니다.

관계 진단 후, 저는 관계 문제를 해결하는 방법으로 『데일 카네기 인간관계론』이라는 책을 추천합니다. 이 책은 인간관계에 관한 바이블과 같은 책입니다. 추가로 『관계 행복』이라는 책도 함께 소개합니다.

인생을 살다 보면 이해할 수 없는 어려운 일들을 종종 만나게 됩니다. 내가 잘못한 것이 없음에도 불구하고 말입니다. 그럴 때마다 그 원인을 찾으려 "왜?"라고 묻는다면, 자신만 더 힘들어집니다. 정답은 '받아들임'입니다. 또 다른 대안으로는 용서와 화해라는 기독교적인 관점입니다. 용서는 먼저 자신을 위해 해야 합니다. 그다음 상대방이 사과할 때 비로소 용서하면 됩니다.

마지막으로, 진로만큼 중요한 재정 관리에 대해 이야기하였습니다. 재정 관리에서 꼭 기억해야 할 것은 일확천금을 벌려는 단기적인 시각을 피하는 것입니다. 그런 상품은 없습니다. 종잣돈은 10년에 걸쳐 장기간 저축이나 투자를 통해 형성됩니다. 기간을 단축하려면 맞벌이하는 배우자와 결혼하는 것도 하나의 방법입니다. 부채에는 양면성이 존재합니다. '빚의 역습과 활용'이라는 주제로 부채 관리의 지혜를 나누었습니다.

마지막 5부에서는 인생에서 발생할 수 있는 다양한 문제들을 다루어 볼까 합니다. 서로 토론하고 함께 고민하다 보면 길이 보일 것입니다.

10

외로움은 결국
'일'과 '관계'가 원인이다

    외로움은 인간인 이상 해결할 수 없는 과제처럼 보입니다. 하나님이 인간을 창조하시고 제일 먼저 든 생각이 외로워 보인다고 하셨습니다. 그 외로움을 해결하기 위해 돕는 배필을 아담의 갈비뼈로 만들었습니다. 그리고 난 후 두 사람이 함께 사는 결혼 제도가 생겨났다고 합니다.

    저의 경우 그런 외로움이 은퇴 후에 찾아왔습니다. 일이 없고 시간이 너무 많아도 외로움을 느끼게 됩니다. 소일거리를 찾는 것이 은퇴 후에 중요한 과제가 되었습니다. 예전에 100세가 넘은 김형석 교수의 기사를 읽은 적이 있습니다. 그분은 외로움에 대한 대안으로 '일'을 매우 강조하고 있었습니다.

    "저는 90이 되면서 비로소 외로움을 느꼈고, 100세가 되니 누군가의 도움이 절실히 필요하게 되었습니다. 이런 외로움 문제를 일로 해결하였습니다. 누구보다 많은 일을 했습니다. 그중에서 제자를 가르치고 교육하는 일이 제일 큰 즐거움이었습니다. 일 많은 나라에 태어난 것에 감사했고, 많은 일이 저에게 주어져 보람을 누구보다 더 크게 느꼈습니다."

　일을 찾는 것은 시니어들의 문제일 뿐만 아니라 젊은 청년들에게도 적용됩니다. 청년들도 일이 없으면 삶의 활력이 떨어지고 자존감도 바닥을 칩니다. 모든 인간은 죽을 때까지 일하면서 살아야 하는 존재입니다.

　이것만으로는 모든 문제가 해결되지 않습니다. 관계에서 오는 왕따 같은 외로움은 해결책이 쉽지 않으며, 치료 기간도 오래 걸리고 정상적으로 돌아올 확률도 매우 낮은 것이 현실입니다. 일본의 경우 정상으로 회복하는 데 평균 9.2년이 걸린다고 합니다.

　제 동생은 평생 대학에서 심리상담을 강의했습니다. 중간중간 시간이 허락될 때는 가출청소년 상담도 하고, 은퇴 후에는 자기 집을 오픈하여 청소년들을 재워주면서 심리 치료를 해주고 있습니다. 저도 가끔 만나보면 또래 친구들과 원활하게 사귀지 못해 외톨이처럼 지내는 청년들을 많이 봅니다. 유일한 대화 상대는 저의 동생과 그곳에 있는 다른 청소년들뿐입니다. 말 못 할 이유로 부모와의 대화가 단절된 지 오래고, 대화의 벽은 점점 높아만 갑니다. 대개 그 원인은 가정 폭력, 친구로부터의 따돌림 등인 것 같습니다. 외로움이 심해지면 고립과 외톨이 상태로 진전됩니다.

고립과 외톨이 단계로 가지 않으려면 관계 능력을 키워야 합니다. 친구를 만들고, 서로를 이해하며 돕는 능력을 반드시 키워야 합니다. 이것은 평생에 꼭 필요한 역량입니다. 어른이 되어서도 이러한 선한 인간관계에서 행복을 느끼게 되기 때문에 반드시 노력해야 합니다.

외로움이 좋은 방향으로 가면 독립이지만, 나쁜 방향으로 가면 고립과 외톨이가 됩니다. 이번 장에서는 외로움의 대안으로 독립을 다루려고 합니다. 일을 통한 경제적 독립은 3부에서 다루었고, 여기서는 정신적 독립에 필요한 관계 역량이 무엇인지 함께 살펴보겠습니다.

본론으로 들어가기 전에, 먼저 외로움의 본질적 의미가 무엇인지 함께 논의해보고자 합니다.

(1) 외로움의 의미 : 고립(외톨이)과 독립 사이에 존재

독립을 준비하는 청년들은 빠르면 고등학교를 졸업하고 시작하거나 대학을 졸업한 후에 독립할 수 있습니다. 홀로 살기 위해서는 먼저 자신의 적성에 맞는 직업을 찾아야 합니다. 그래야 경제적으로 독립할 수 있습니다.

그러나 진정한 독립은 단순히 경제적 자립이 아니라, 필요할 때 남의 도움을 요청할 줄 아는 능력을 갖추는 것입니다. 더불어 사는 사회에서 주고받는 관계가 전제될 때, 이를 건전한 독립이라 부를 수 있습니다. 무리 속에서 함께 살면서도 독립적으로 살아가는 것이 중요합니다.

소통전문가 김창욱 선생은 '혼자'와 '홀로'라는 말로 이를 구분합니다. '혼자'는 남들과 고립된 상태에서 사는 삶을 의미하고, '홀로'는 무리 속에서 독립적으로 사는 인생을 뜻합니다. 같은 외로움이라도 '혼자'보다는 '홀로' 독립적으로 살아가야 합니다. 그렇지 않으면 고립과 외톨이가 됩니다.

외로움이 지나쳐 자신만의 성을 쌓는 고립과 외톨이가 되면, 묻지마 폭력과 같은 잔악성이 생길 수 있습니다. 이를 뒷받침하는 쥐 실험이 있습니다. 노리나 허츠의 『고립의 시대』에 따르면, 오랫동안 고립 상태에 있던 쥐는 새로운 쥐가 나타났을 때 갑자기 꼬리를 세우고 난폭하게 물어뜯으며 바닥으로 넘어뜨립니다. 연구자들은 고립 기간이 길어질수록 새로운 쥐에게 더 공격적이라는 결과를 보고했습니다.

인간도 고립 기간이 길어질수록 타인에 대한 적대감이 증가한다는 연관성을 밝힌 과학적 연구가 많습니다. 외로움이 심한 사람은 다른 사람과 함께하고 싶은 욕구를 부정하면서 자신을 보호할 성을 쌓습니다. 그 결과, 공감 능력과 관련된 측두엽의 활성도가 감소하고, 경계심, 주의력, 시각과 관련된 시각피질의 활동이 증가합니다. 이렇게 되면 주변을 몹시 경계하며 불안하고 고립된 정신 상태가 되어, 자기 보존을 위해 뇌 활동을 하게 됩니다.

　2차 세계대전 중 유대인 학살에 동참했던 독일 사람들도 외로움이 지나쳐 고립과 외톨이 마음 상태였다고 합니다. 최근 미국의 트럼프 대통령 재임 당시 지지 세력이 의회에 난입하여 폭력적으로 난동한 사건도 이와 유사한 심리가 작동한 것입니다.

　묻지마 폭력을 하는 사람은 이 같은 정신적 메커니즘을 가진 외톨이거나 고립된 사람일 가능성이 높습니다. 외로움이 인간의 본질적인 문제이지만, 이를 극복하기 위해서는 무리 속에서 친구 또는 가족과 원만한 사회적 관계를 형성해 나가는 것이 필요합니다.

　몇 년 전 중학교 선생님에게 들은 이야기입니다. 현재 중학교 학생 수가 20명 수준이기 때문에, 한 또래 집단이 4~5명으로 이루어질 경우 한 반에 많아야 5팀 정도로 구성됩니다. 만약 이 중 하나의 또래 집단과 인간관계가 틀어진다면, 그 학생은 외톨이가 될 가능성이 매우 높다고 합니다. 이제 중학교에서도 대인관계 능력개발 훈련을 가르칠 필요가 있을지도 모르겠습니다.

　독립을 준비하는 청년들은 외로움이 잘못 진행되면 고립과 외톨이로 전환될 수 있습니다. 이 사실을 명심하고 건전한 경제적, 정신적 독립을 이루기 위해 스스로 노력해야 합니다. 우리 사회 전체도 독립을 준비하는 청년들을 격려하고 지원해야 합니다.

최근에 영국과 미국에서 고립과 외로움을 극복하기 위해 낯선 사람과의 대화를 시도하는 사회운동을 소개하는 책을 읽었습니다. 조 코헤인의 『낯선 사람에게 말을 걸면』이라는 책에서는 '트리거 컨버세이션'(Trigger Conversation), '컨버세이션 뉴욕'(Conversation New York), 그리고 영국의 역사학자 젤딘이 만든 '옥스퍼드 뮤즈'(Oxford Muse)라는 단체를 소개하고 있습니다. 이 세 단체는 모두 낯선 사람과 의미 있는 대화를 편하게 나눌 수 있도록 사교 행사를 엽니다.

또 다른 단체로 '어번 컨페셔널'(Urban Confessional, 도시의 고해성사)이라는 곳이 있습니다. 이 조직은 이야기하고 싶어 하는 사람들을 위해 무조건 말을 들어주는 운동으로, 로스앤젤레스에서 현재 시행되고 있습니다. 봉사자들이 '프리 리스닝'(Free Listening)이라는 간판을 들고 있다가 원하는 사람이 나타나면 경청 프로그램이 시작됩니다.

이 모든 사회운동은 고립과 외로움을 해결하려는 의미 있는 노력이며, 상당한 성과를 거두고 있다고 저자는 설명합니다. 독립을 준비하는 청년들에게 이 책을 한 번쯤 읽어보기를 권합니다.

(2) 관계 진단 도구 : 관계 5단계 순환 사이클의 이해

외로움을 극복하는 방법 중 여기서는 주로 관계의 문제를 다루고자 합니다. 우선 진단 도구부터 설명하겠습니다.

<관계 5단계 순환 사이클>

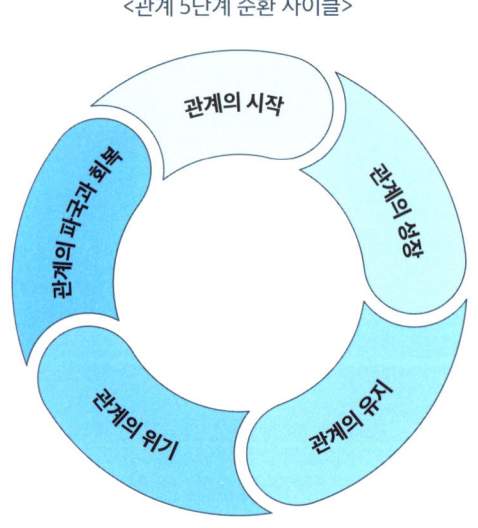

관계에 대한 설명을 ① 관계의 시작 → ② 관계의 성장 → ③ 관계의 유지 → ④ 관계의 위기 → ⑤ 관계의 파국과 회복 등 5단계로 나누어서 살펴보려고 합니다.

이 관계 순환 사이클을 이해하게 되면 관계의 어떤 부분이 부족한지, 어떤 부분을 고쳐야 할지 스스로 알게 되는 진단 효과가 있습니다.

① 1단계 : 관계의 시작(성격)

관계의 시작은 개인의 성격에 따라 좌우됩니다. 외향적인 성격을 가진 사람들은 친구를 쉽게 사귀고, 궁금한 점이 생기면 직접 찾아가 물어보며 자신의 궁금증을 스스로 해결합니다. 반면에 내향적인 사람들은 친구 사귀기가 어렵습니다. 먼저 다가가기를 힘들어하며, 누군가 자신에게 다가와 주기를 바라기도 합니다.

저의 딸도 내성적인 성격이라 학년이 올라가거나 새로운 환경에 적응해야 할 때 걱정을 많이 합니다. "아빠, 친구가 없으면 어떡하지?"라고 묻곤 하는데, 저는 늘 "생기겠지. 넌 늘 걱정하지만, 친구를 잘 사귀었잖아?"라고 답합니다.

저뿐만 아니라 심리 전문가들도 비슷한 상황을 겪고 있습니다. 어떤 심리 전문가의 경우, 어린 딸에게 유치원에서 친구를 사귀는 방법을 가르쳤다고 합니다. 아마도 이러한 이야기에 공감하지 않는 분들은 외향적인 성격을 가진 분이거나 형제·자매가 많아 자연스럽게 사람 사귀는 법을 익힌 분일 것입니다. 요즘에는 자식을 적게 낳으면서 친구 관계 맺기가 더욱 어려워지고 있습니다.

독립을 준비하는 청년들 중 친구 사귀기가 어려운 이유가 자신의 내성적인 성격 때문이라면 약간의 훈련이 필요합니다. 연습을 통해 극복할 수 있습니다. 앞서 언급한 심리 전문가의 경우도 어린 딸에게 "친구야 나랑 놀자. 참 잘하는구나. 멋있다." 등 친구에게 다가가서 말을 거는 방법을 구체적으로 가르쳤습니다.

관계의 시작과 출발은 에너지가 소요됩니다. 인간관계를 쉽게 맺는 사람도 있지만, 성격상 어려움을 겪는 사람들도 의외로 많기에 이러한 사람들은 표현하는 훈련을 반드시 하길 바랍니다.

② 2단계 : 관계의 성장(협업 경험)
관계가 계속 성장하려면 실제로 함께 일하는 협업 경험을 많이 쌓아야 합니다. 중고등학교 시절에는 모둠 활동이나 동아리 활동을 통해 자연스럽게 다른 친구들과 협업하는 능력을 배울 수 있습니다. 대학에서는 팀별 발표나 써클 활동 등 협업할 수 있는 활동이 많습니다. 또한, 아르바이트를 통해서도 사회생활에 필요한 관계 능력을 성장시킬 다양한 기회를 가질 수 있습니다.

이런 다양한 경험을 통해 우리는 다른 사람과 바람직한 관계를 자연스럽게 형성하게 됩니다. 협업하는 경험만이 우리를 무리 속에서 사회적으로 건강하게 살아가도록 도와줍니다. 취미 활동이나 봉사활동 등 관심 있는 커뮤니티에 참여하는 것도 좋은 협업 경험을 쌓는 지름길이 될 수 있습니다.

그러나 협업 경험을 하다 보면 인간관계에서 갈등이 발생할 수 있습니다. 그 원인은 1) 개인적 이해관계, 2) 인정과 인기를 받는 문제, 3) 무시당함, 4) 승진 문제, 5) 세대 차이, 6) 입장 차이, 7) 의사소통 미흡, 8) 인격적 미성숙 등으로 발생한다고 합니다. 이에 대한 처방전으로는 1) 먼저 도와주기, 2) 잘 들어주기, 3) 싸우지 않고 평화롭게 해결하기, 4) 용서하기, 5) 단점보다 장점을 보려는 노력이 필요하다고 조언합니다. (최영수, 『월요일의 그리스도인』, 생명의말씀사)

이런 내용을 참고하면 두 번째 단계인 관계 성장에 큰 도움이 될 것입니다.

③ 3단계 : 관계의 유지(자신의 안정된 삶)

세계 최고 부자인 워런 버핏의 공동 창업자인 찰스 멍거가 한 말이 떠오릅니다. "좋은 결혼 상대를 만나려면 내가 괜찮은 상대가 되면 됩니다." (김재현·이언, 『찰리 멍거 바이블』, 에프엔미디어) 결국 좋은 결혼 상대를 만나기 위해서는 우리 자신도 매력 있는 신랑감이나 신붓감이 되어야 한다는 뜻입니다.

좋은 관계에 있던 친구들이 관계를 지속하지 못하는 이유 중 하나는 상대방이 성장하지 못하고 퇴보하는 경우입니다. 친구들이 금전적인 문제로 신뢰를 잃거나 평판이 나빠져 관계가 깨어질 때도 있습니다. 사업 실패로 잠적하거나 말을 잘못 전달해 친구들 사이에서 갈등의 인물로 낙인찍히는 사례도 경험했습니다. 자신이 신뢰받지 못하는 평판을 갖게 되면, 친구뿐만 아니라 선배나 동료들도 등을 돌리게 됩니다.

이처럼 사회에서 좋은 관계를 유지하려면 자신도 믿음이 가고 인성이 좋은 사람이 되어야 합니다. 동시에 실력을 갖춘 전문가적인 식견도 갖추어야 합니다. 자신의 위치에서 어느 정도 사회적으로 성공해야 합니다. 계속해서 사회적으로 성장하여 일정 수준까지 자리를 잡아야 한다는 말입니다.

그렇지 않으면 관계 유지가 힘들어집니다. 스스로 친한 친구에게서 떨어져 나가게 됩니다. 독립을 준비하는 청년들은 이 점을 명심해야 합니다. 자신도 노력해서 사회적 성공을 이루고 안정적인 삶을 살아내야 합니다.

④ **4단계 : 관계의 위기(버팀목 역할)**

사회생활을 하다 보면 어떤 이유로든 관계가 서먹해지거나 만나기 싫어질 때가 있습니다. 이렇게 관계가 위기에 처했을 때, 주위에 나를 지지해주는 버팀목이 필수적입니다. 이는 부모님일 수도 있고, 할아버지나 할머니가 될 수도 있으며, 친한 친구나 선배, 동료가 될 수도 있습니다. 예를 들어, BTS의 뷔도 어린 시절을 할머니와 보냈는데, 할머니가 그의 버팀목 역할을 해주셨다고 합니다.

자살하는 친구들은 자신의 아픔을 나눌 친구나 선배가 주위에 한 명도 없을 때 발생합니다. 우리는 그들의 확장된 가족이 되어서 그들을 지지해주어야 합니다. 형이나 누나가 되어주거나 아저씨나 이모가 되어주어야 합니다.

예를 들어 연애 중에 헤어지게 되서 그 관계에 위기가 왔을 때, 우리는 자신의 힘으로 이겨 나가야 하지만 주위에 친한 친구나 자신의 마음을 알아주는 사람이 있다면 조금 더 쉽게 넘어갈 수 있습니다.

독립을 준비하는 청년들은 내 주위에 인간적으로 지지해주는 확장된 가족을 형성해야 합니다. 그리고 관계에 어려움이 찾아왔을 때 그들에게 적극적으로 도움을 요청하는 것이 중요합니다. 이는 험한 세상을 슬기롭게 극복하는 비결입니다.

⑤ 5단계 : 관계의 파국과 회복(받아들임과 신체활동)
　관계의 파국은 헤어짐입니다. 그것은 슬픔을 동반합니다. 헤어짐의 원인을 파악하려 해도 소용없고 부질없는 일입니다. 회복되지 않습니다. 단지 받아들여야 합니다. 받아들이면 앞으로 나갈 수 있습니다. 대부분은 다시 되돌리려고 노력합니다. 그러지 마세요.

　우리 인생은 헤어짐과 다시 만남이 일상입니다. 헤어짐은 슬픈 일입니다. 충분히 슬퍼하고 일상으로 복귀해야 합니다. 받아들이지 못하면 전 무조건 운동하라고 권면합니다. 몸과 마음은 하나입니다. 마음의 병은 몸으로 치유해야 합니다.

한 예로 갱년기 때 부부가 스포츠 댄스를 배우면서 내면의 상처를 극복했다고 합니다. 음악에 맞춰 몸을 움직이는 것은 좋은 운동이기도 하며, 정신적으로도 큰 도움이 됩니다. 또한 충분한 수면과 영양섭취, 명상과 기도도 도움이 될 것입니다.

지금까지 설명해드린 것처럼 관계가 어떻게 시작되고, 성장·유지되는지와 관계 위기와 파국, 그리고 회복에 관해 짧게 살펴보았습니다. 이것을 간단히 '관계 5단계 순환 사이클'이라고 말할 수 있습니다.

이 프로세스 모델을 통해서 관계의 어려움을 겪는 부분이 시작 단계인지, 성장 단계나 유지 단계의 문제인지 진단할 수 있습니다. 진단이 가능하다는 것은 스스로 처방도 가능하다는 의미입니다. 독립을 준비하는 청년들은 관계 5단계 순환 사이클 모델을 잘 이해하여 부족한 부분을 찾아 보완해 나가기를 바랍니다. 이 모델은 장기적으로 타인과 관계를 맺는 데 유익하게 사용될 수 있습니다.

(3) 관계 치료 방법

저는 관계에 관한 치료 방법으로 『데일 카네기 인간관계론』이라는 책을 추천합니다. 1930년대에 쓴 책이지만 지금도 읽히는 명저입니다.

인간관계에 관한 바이블과 같은 책입니다.

저도 젊어서 읽었지만, 최근에 다시 보고 카네기가 주장한 원칙을 정리해 보았습니다. 관계 치료 방법으로 대체해도 손색이 없습니다. 그 내용을 정리합니다.

<표 11-1> 사람을 다루는 기본적인 기술

구분	주요 내용	기타
원칙 1	비난이나, 비평, 불평하지 마라.	실천 과제
원칙 2	솔직하고 진지하게 칭찬하라.	
원칙 3	다른 사람들의 열렬한 욕구를 불러일으켜라.	

이 책에서는 인간관계에서 가장 중요한 부분으로 원칙 1에서 누구에게도 비난이나 비평하지 말라는 충고를 합니다. 일반적으로 사람들은 자신을 비난하는 말을 들으면 갑작스럽게 반발하거나 적개심을 갖게 됩니다. 이러면 인간관계의 시작부터 삐걱거리게 됩니다.

저도 원칙 1이 가장 어려웠습니다. 부하들의 잘못된 부분을 지적하거나 직장 후배들도 하는 행동이 마음에 들지 않으면 거리를 두곤 했습니다. 심지어 가족의 부족한 부분도 감싸기보다는 드러내고 불평하며 속상해하기도 했습니다. 이 원칙을 실천 과제로 선택한 이유는 저도 아직 이 원칙을 제대로 지키지 못하고 있기 때문입니다.

현재도 이 원칙을 실천하기 위해 목표를 세우고 노력하고 있습니다. 이런 자세와 행동이 사람들과의 관계를 행복하게 만들어 줍니다. 저 역시 이를 제대로 실천하지 못하고 있지만, 함께 노력해 봅시다.

<표 11-2> 남들에게 호감 사는 방법

구분	주요 내용	기타
원칙 1	다른 사람에게 순수한 관심을 기울여라.	실천 과제
원칙 2	미소를 지어라.	
원칙 3	자신의 이름이 무엇보다 기분 좋고 중요한 말임을 명심하라.	
원칙 4	남의 말을 잘 들어주는 사람이 되어라.	
원칙 5	상대방의 관심사에 관해 이야기하라.	
원칙 6	상대방이 중요하다는 느낌이 들게 하라.	

남에게 호감을 사는 것은 먼저 다가가는 것이 첫 번째 비결입니다. 이것은 무조건 윗사람이 실천해야 할 과제입니다. 신입사원이 들어왔을 때 선배가 먼저 다가가 회사 적응에 도움을 주어야 합니다. 그러면 신입사원들이 그 선배를 호의적으로 생각하게 될 것입니다.

저도 젊은 친구들의 취업과 면접을 돕거나, 스타트업의 대표를 도울 때도 같은 마음으로 실천하려고 노력합니다. 새로운 사람, 신입사원, 집안에 처음으로 들어오는 며느리와 사위 등 어떤 조직에서든 적응이 필요한 사람에게 먼저 다가가야 합니다.

최근에 하버드 평생 종단 연구의 네 번째 담당자가 쓴 보고서에 의하면, 행복은 관계에서 온다고 주장하면서 가장 중요한 방법으로 주위 사람들에게 관심을 기울이라고 조언합니다. (로버트 월딩거·마크 슐츠, 『세상에서 가장 긴 행복 탐구보고서』, 비즈니스북스) 이렇듯 관계 형성에 가장 좋은 방법은 아마도 주위 사람에게 관심을 두고 먼저 다가가는 것이 가장 좋은 방법으로 판명된 것 같습니다. 꼭 기억했다가 자주 사용해 보길 추천합니다.

다른 원칙들도 읽어보면 도움이 될 것입니다.

특히, 저의 경우 이름을 불러주는 것이 서먹한 관계에 큰 윤활제 역할을 한다고 생각합니다. 예를 들어 제가 예전에 기획실에 근무했을 때 사장님을 복도에서 만난 적이 있었습니다. 그때 사장님이 제 이름을 불러주셨는데 저는 그 순간 깜짝 놀랐고 사장님이 저를 알아주신다는 사실 자체가 저에겐 큰 격려가 되었습니다.

또한 제가 부서장으로 발령받은 첫날에는 40명의 직원 이름을 모두 외워 말한 적이 있습니다. 이는 첫 대면의 서먹함을 해소하는 데 크게 기여했습니다. 이처럼 남의 이름을 불러주는 것이 인간관계의 특효약입니다.

사회에서 성공한 사람 중에 원칙 4를 강조하는 분들이 의외로 많이 있습니다. 이병철 회장님도 경청의 중요성을 강조했고, 남의 아이디어를 사용하려면 주위 사람의 말에 귀를 기울여야 한다고 조언합니다.

최근에 들은 정신과 의사의 이야기도 흥미롭습니다. 수련 의사 시기에 자신의 상담 지식과 경험이 부족하여 환자들의 말을 들어주기만 했다고 합니다. 뭔가 대안을 제시해야 하는데 임상경험이 없으니 도리가 없었다고 합니다. 이에 대해 선배 의사에게 고민을 털어놓자, 웃으면서 "잘 들어주는 것이 치료의 반이다"라고 했답니다. 어쩌면 남의 말을 잘 들어주는 것은 쉽지 않은 일입니다. 그러나 이것이 인간관계의 중요한 요소임을 강조하고 싶습니다.

"미소를 지어라"라는 원칙 2는 우리 속담에 "웃는 낯에 침 뱉으랴"와 같은 말입니다. 미소로 다가가는 것이 중요합니다. "웃으면 복이 온다"라는 말도 있습니다. 미소 짓고 웃는 노력이 인간관계에서는 필요합니다. 이것도 역시 인간관계의 좋은 치료제입니다.

<표 11-3> 다른 사람을 설득하는 법

구분	주요 내용	기타
원칙 1	논쟁에서 최선의 결과를 얻는 방법은 그것을 피하는 것이다.	실천 과제
원칙 2	상대방의 견해를 존중하라. 결코 "당신은 틀렸다"라고 말하지 마라.	실천 과제
원칙 3	잘못을 저질렀다면 즉시 분명한 태도로 그것을 인정하라.	
원칙 4	우호적인 태도로 말을 시작하라.	
원칙 5	상대방이 당신의 말에 즉각 "네, 네"라고 대답하게 하라.	
원칙 6	상대방이 많은 이야기를 하게 하라.	

원칙 7	상대방이 그 아이디어가 자신 것이라고 느끼게 하라.
원칙 8	상대방의 관점에서 사물을 볼 수 있도록 성실히 노력하라.
원칙 9	상대방의 생각이나 욕구에 공감하라.
원칙 10	보다 고매한 동기에 호소하라.
원칙 11	당신의 생각을 극적으로 표현하라.
원칙 12	도전 의욕을 불러일으켜라.

젊었을 적에 기획실에서 일했던 경험이 있습니다. 그 당시 옆 팀 실무자와는 회사 정책을 놓고 항상 논쟁을 벌였습니다. 그 논쟁의 전제는 "넌 틀렸다"라는 관점이었습니다. 제 주장이 정확하다고 생각했기 때문에 격렬히 토론했습니다. 그러나 언제나 결론은 평행선을 달리게 되었고, 심지어는 마음까지 서로 상하게 되어 그 친구와의 관계도 나빠졌습니다.

위 표에서 다른 사람을 설득하는 원칙 1과 2에 관해 저는 다른 사람보다 더 깊이 공감합니다. 이것은 맞는 이야기입니다. 저 또한 젊었을 때 한 실수로 이를 실전 과제로 삼기로 했습니다.

요즈음 저는 "상대의 주장에 일리가 있어"라고 생각하려고 무척 노력합니다. "나만 맞다"라는 생각이 들어도 의도적으로 피하려고 합니다. 내가 생각을 가난하게 하면 할수록 다른 사람의 주장을 쉽게 받아들이게 되었습니다. 결과적으로 마음이 넓어지고 타협도 자연스럽게 이루어지게 되었습니다.

젊은 친구들도 믿거나 말거나 한 번 실천해 보기를 조언합니다. 기적을 경험하게 될 것입니다. 다른 사람의 의견을 귀담아듣기 시작하면, 논쟁도 없어지고 자연스럽게 자신의 주장이 관철되는 일이 일어날 것입니다. 다른 원칙도 참고로 한번 읽어보길 권고합니다.

<표 11-4> 리더에 관한 조언

구분	주요 내용	기타
원칙 1	칭찬과 감사의 말로 시작하라.	
원칙 2	잘못을 간접적으로 알게 하라.	
원칙 3	상대를 비평하기 전에 자기 잘못을 인정하라.	
원칙 4	직접적으로 명령하지 말고 요청하라.	
원칙 5	상대방의 체면을 세워 주어라.	
원칙 6	아주 작은 진전에도 칭찬을 아끼지 마라.	
원칙 7	상대방에게 훌륭한 명성을 갖도록 해주어라.	
원칙 8	격려해 주어라. 잘못을 쉽게 고칠 수 있다고 느끼게 하라.	
원칙 9	당신이 제안하는 것을 상대방이 기꺼이 하도록 만들어라.	실천 과제

리더에 관한 조언 중에서 다른 원칙들은 제목만 보아도 대체로 이해할 수 있을 것 같습니다. 그러나 원칙 9번은 특히 리더가 실천해야 할 중요한 과제로 느껴졌습니다. 이 원칙은 "당신이 제안하는 것을 상대방이 기꺼이 하도록 만들어라."라는 내용으로, 리더가 리더십을 발휘하는 데 중요한 역할을 합니다.

이 원칙을 실현한 다양한 사례들 중에서 기억에 남는 일화로는 나폴레옹 황제의 사례가 있습니다. 그는 '레종 도뇌르' 훈장을 만들어 병사들에게 수여하고, 장군들을 '대원수'로 임명하여 자신의 군대를 '1등 군대'라 불렀습니다. 이러한 접근으로 자신의 제안을 부하들이 기꺼이 받아들이게 했다고 합니다.

또 다른 예시는 한 어머니가 자녀들에게 지혜롭게 제안한 사례입니다. 자녀들이 잔디밭을 망가뜨리는 문제가 있었는데, 그 중 한 아이에게 '탐정'이라는 직함을 주고, 잔디밭 단속을 맡겼다고 합니다. 그 결과 '탐정' 직함을 받은 아이가 밤늦게까지 뒤뜰에 불을 피워 놓고 잔디밭을 감시하여 문제를 해결했다는 이야기입니다.

저의 사례도 있습니다. 제가 부서장 시절 맡았던 부서는 평균 퇴근 시간이 8시 45분이었습니다. 5년 동안 직원들과 함께 고생하면서 제도 개선과 전산화 등 업무 효율화를 추진한 결과 퇴근 시간이 2시 15분이 축소되어 6시 30분까지 낮아졌습니다. 이로 인해 직원들의 노고가 인정받아 관리부서 평가에서 1등을 하게 되었고, 직원들의 근로 환경도 크게 개선되었습니다. 저 역시 그해 관리부서장 상도 받아 크게 위로가 되었습니다.

저는 직원들의 고생 결과가 자기에게 도움이 되어야 결국 어려워도 참아낸다는 교훈을 배웠습니다. 무엇보다도 리더는 직원들을 기꺼이 움직이게 하려면 그들이 무엇을 원하는지, 업무성과가 본인들에게 귀속되도록 업무를 설계해야 합니다.

위 세 사례를 통해 우리가 리더라면 한 번쯤 곱씹어 보아야 합니다. 이처럼 훌륭한 리더는 사람의 행동과 태도를 바꿀 필요를 느꼈을 때, 다음과 같은 방식으로 접근한다고 합니다.

1) 자신에 대한 이익 보다 다른 사람에 대한 이익에 집중하라.
2) 다른 사람이 무엇을 원하는지 정확하게 알고 있어야 한다.
3) 다른 사람이 진심으로 무엇을 원하고 있는지 자신에게 물어보라.
4) 그 사람에게 어떤 이익이 돌아가는가를 생각하라.
5) 그러한 이익을 다른 사람의 원하는 바와 일치시키도록 하라.
6) 자기에게도 이익이 돌아간다는 것을 암시하는 방법으로 일을 시켜라.

지도자가 될 사람은 이런 관점으로 일해야 합니다.

저는 관계에 관한 또 다른 책으로 우리 교회 담임목사님이 집필한 『관계 행복』을 추천합니다. 이 책에는 관계 치료에 관해 8가지 처방을 제시하고 있습니다. (조현삼, 『관계 행복』, 생명의말씀사)

독립을 준비하는 청년들에게 이 책을 강력히 추천합니다. 제가 40대 후반에 이 책을 읽었을 때 '20~30대에 읽었으면 더 좋았을 텐데'라는 생각이 들었습니다.

<표 5-1> 관계 치료의 8가지 처방

구분		기타
처방 1	연약함을 도와주라.	
처방 2	필요는 채워주라.	
처방 3	허물은 덮어주라.	실천 과제
처방 4	좋은 것은 말해주라.	
처방 5	능력은 인정해주라.	
처방 6	가족은 돌아보라.	
처방 7	이웃은 더불어 살라.	
처방 8	원수는 없애라.	실천 과제

이 관계 처방에서 실천 과제로 생각하게 된 것이 두 개가 있습니다. 하나는 '허물을 덮어주라'와 또 하나는 '원수를 없애라'입니다.

이것을 실천 과제로 선택하게 된 것은 저도 아직 실천을 잘 못하고 있는 부분이기 때문입니다. 특히 '허물은 덮어주라'는 처방은 여전히 제겐 어렵습니다. 과거에 저는 회사 내부의 문제를 해결하기 위해 내부자 고발을 시도한 적도 있었습니다. 그 당시 그것이 정의로운 일이라고 생각했지만 그 결과로 배신자로 여겨지고 많은 친구와 직장 동료들과의 관계가 악화되었습니다.

이 책에서는 연약하고 허물이 있는 모습 그대로 용납하고 용서하라고 합니다. 연약함과 허물이 있는 사람을 사랑으로 품으라고 합니다. 더 나아가 네 눈에 들어온 그 사람의 허물, 부족함, 연약함을 다른 사람

앞에 말하지 말라고 합니다. 현재 이러한 실천 과제로 목표를 세우고 열심히 실천하려고 합니다.

또한 이 책을 읽으면서 마음에 와닿은 점이 있습니다.

"지도자들도 그의 지도로 있는 사람들의 허물을 덮어주어야 합니다. 허물이 있을 때마다 내보내고, 허물이 드러날 때마다 내친다면 그의 곁에 남을 사람이 누가 있겠습니까. 허물이 있어도 다시 봐야 하고, 허물이 있어도 다시 기회를 주어야 하고, 허물이 있어도 다시 일어설 수 있도록 해주어야 합니다."

맞습니다. 이런 자세와 행동이 사람과의 관계를 행복하게 해줍니다. 독립을 준비하는 청년 여러분, 사회 생활에서 관계가 얼마나 중요한지를 다시 한 번 명심하며, 허물을 드러내지 않고 비난하지 말고 덮어주는 사람이 되기를 바랍니다. 저도 잘 못하는 부분이지만, 같이 노력해 나가자는 마음입니다.

두 번째 제가 실천 못 하는 또 하나의 과제는 바로 '원수는 없애라'입니다. 이해를 쉽게 하려면 원수를 적으로 바꾸어, '적을 만들지 말라'라는 말로 표현하면 금방 이해가 될 것입니다.

저는 회사 사장님으로부터 이런 이야기를 들은 적이 있습니다. 임원을 선발할 때 '배제의 원리'에 의해서 선발한다는 것입니다. 뭔가 하자가 있는 사람부터 임원 후보에게 제외된다는 의미이지요. 그러기 때문에, 사내에서 적을 만들면 그들이 자신의 단점을 지적하게 된다고 합니다. 결과적으로 임원 선발에 불리하게 작용됩니다. 이것이 적을 만들지 말아야 하는 이유입니다.

 적을 사랑하고 용서해 주고, 심지어 그들을 축복하고, 복수하지 말라고 조언합니다. 쉽지 않은 실천 과제입니다. 제가 살아보니 아직도 부족함을 느낍니다. 나를 괴롭게 하고 나를 힘들게 하는 사람을 사랑으로 대하라는 것입니다. 내 자식도 살다 보면 원수처럼 느낄 때가 있는데, 나를 해코지하고 미워하는 사람을 사랑하고 용서하고 복수하지 말라고 합니다.

 영화를 보며 복수하는 폭력물들이 많다 보니 그 방법이 악을 없애는 제일 나은 것으로 생각하는 경우가 많습니다. 저도 그런 영화를 보면 마음이 시원하기도 합니다. 그러나 그것은 올바른 방법이 아닙니다. 만약 우리가 복수를 스스로 한다면 큰 비용이 들 것입니다. 재판하며 송사 비용이 들 것이고, 내 힘으로 때려주면 오히려 역고소당해 피해 보상금을 지급할 수도 있습니다. 현실적인 측면에서도 복수하는 것은 피해야 합니다.

 저는 이 두 책이 저자는 다르지만 유사한 내용이 많아 '인간관계 원칙에는 진리가 있구나' 하는 생각을 하게 되었습니다.

요약

이번 장은 인간관계에 대한 내용을 다루고 있습니다. 무리 속에서 외로움을 느끼는 것은 '일(업무)'과 '관계'에서 비롯됩니다. 먼저 고립이 사회적으로 어떤 해악을 초래할 수 있는지 살펴보고, 그 다음에는 인간관계를 평가하는 도구로서 관계 순환 사이클을 제안합니다. 이는 관계 개선의 기초가 되기 때문입니다. 이 진단 도구는 어떤 단계에서 관계 문제가 발생하는지를 알려주어 진단에 매우 유용합니다.

이 사이클은 ① 관계의 시작 → ② 관계의 성장 → ③ 관계의 유지 → ④ 관계의 위기 → ⑤ 관계의 회복 등 5단계로 구성되어 있습니다. 관계의 시작은 개인의 성향에 따라 매우 다르게 나타납니다. 관계의 성장은 함께 일하면서 얻는 경험을 통해 구성원 간 인간관계가 깊어집니다. 이는 다양한 동아리나 취미 활동을 추천하는 이유입니다.

관계 유지의 핵심은 자신이 좋은 사람이 되어야 한다는 것입니다. 사회적으로 뒤처지면 친구 관계를 유지하기 어렵습니다. 관계의 위기 시에는 자신을 지원해 주는 친구나 멘토가 필수적입니다. 관계가 파국에 이르면 처음의 상태로 복구하기 어렵습니다. 이를 받아들이고 새로운 방향을 모색해야 합니다. 이 과정에서 운동, 균형 잡힌 식사, 충분한 휴식 등이 관계 회복에 도움이 됩니다.

이번 장에서 소개하는 관계의 처방에 관련된 두 권의 책은 다음과 같습니다: 1) 『데일 카네기 인간관계론』, 2) 『관계 행복』. 두 책 모두 실생활에 적용하기 좋은 실용적인 내용이 많으니 한 번 읽어보시기를 추천합니다.

◆ 이해문제 ◆

1 외로움은 (   )과 (   )가 원인입니다. (   )은 무엇인가요?.

2 외로움이 고립과 외톨이로 진전되면 어떤 부작용이 있나요? 본문에 있는 내용인 쥐 실험, 유대인 학살 사건, 미국 트럼프 대통령 재임 시 발생했던 의회 점령 사건 등 예를 들어 설명하세요.

3 인간관계에서 외톨이 혹은 고립되었을 때 쉽게 해결하기가 힘듭니다. 본문에서는 진단 도구로 '관계 순환 사이클'을 제시하고 있습니다. 그 내용을 설명해 보세요.

4 인간관계에 위기가 왔을 때 필요한 조치로 본문에서는 무엇이라고 하나요? 버팀목이 될 만한 사람이 없다면 어떻게 해야 할까요?

5 인간관계에 파국이 왔을 때 우리는 어떻게 해야 하고 회복하려면 어떤 조치가 필요한가요? 본문의 내용으로 설명해 보세요.

6 관계 치료 처방 중 사람을 다루는 기본 기술은 무엇입니까?

7 호감 사는 방법과 설득의 기술에 관한 원칙을 적어보고, 본인이 잘 되는 부분과 잘 안 되는 부분을 구분해 보세요.

8 지도자가 되면 반드시 해야 할 일이라고 생각되는 원칙을 본문의 관점에서 써 보고 그 이유를 말해 보세요.

11
억울한 일은 받아들여야
미래의 문이 열린다

이직 문제로 상담했던 젊은 친구 이야기입니다. 그 친구는 회사에서 억울한 일로 매우 힘들어했습니다. 본인 잘못도 아닌데 동료들이 외주 직원 편을 들어서 서운함을 느끼고 있었습니다.

제가 안타까워했던 점은 본인의 잘못이 아닌 사안으로 인간관계가 망쳐진 경우, 그 문제를 받아들이지 않으면 앞으로 나갈 수 없다는 것입니다. 원인이 어떠하든지 나를 위해 그들을 용서하고 현재 상황을 있는 그대로 받아들여야 합니다. 그래야 앞으로 나갈 수 있고 진로의 문이 열립니다.

그 친구는 자신의 잘못이 아닌 일로 동료들로부터 미움을 받아야 한다는 상황을 받아들이기 어렵다고 말했습니다. 맞는 말 같기도 합니다. 동료들이 미워서 모든 일의 대척점에 섭니다. 그러다 보니 회사 가기가 싫고 업무가 더 하기 싫어집니다. 저는 해결 대안으로 이직보다는 마음의 혼란을 먼저 수습하는 것이 우선이라고 조언했습니다. 좋은 책을 추천하면서 동료들을 용서하는 것과 '받아들임'을 배우기를 권유하였습니다.

저 역시 젊은 시절에 많은 어려움을 겪었고, 자신의 잘못이 전혀 없는 상황에서의 어려움은 특히나 극복하기 더욱 어려웠습니다. 그러나 이런 고통과 어려움은 언제나 우리에게 다가옵니다. 그럴 때 '왜'라는 질문보다는 그 상황 그대로 받아들이는 것이 정답입니다.

저는 이번 장에서 '받아들임'이 억울한 일을 극복하는 데 중요한 대안이 될 수 있다고 주장하고자 합니다. 이를 위해 제 경험과 심리학적인 조언을 순서대로 이야기하고, 그 후에는 용서에 대해 함께 설명하려 합니다. '받아들임'과 용서는 억울한 문제를 해결하는 중요한 요소로, 이를 배움으로써 인생에서 마음의 평화를 찾을 수 있다는 점을 강조하고자 합니다.

(1) '왜'라는 질문보다 '받아들임'이 정답

우리가 정해진 목표를 향해 뚜벅뚜벅 걸어가다 보면 큰 어려움을 만날 때가 있습니다. 어떻게 해야 할지 참 망설여집니다. 특히 해결될 수 없을 것 같은 큰 어려움을 만나면, 한참을 멈추어 서서 고민하게 됩니다.

저는 지점장 시절에 실적이 좋지 않아 영업사원으로 강등당하는 경험을 했습니다. 과거 3년간 매년 상을 받으며 성과를 이루었지만, 4년차에 새로운 사장이 부임하면서 목표치가 늘어나 실적이 저하되었습니다. 그 사장은 실적이 안 좋은 하위 10% 지점장은 직책을 박탈하겠다고 공표했습니다.

 공교롭게도 그 시기에 지점의 여러 가지 문제로 실적이 저하되어 저는 1년간 영업사원으로 강등되어 백의종군하게 되었습니다. 그러다 다행히 영업 업무에서 우수한 성과를 거두어 상위 10%의 우수 직원으로 인정받게 되었고 이후 본사 부서장으로 이동하여 임원으로 승진하게 되었습니다. 이 경험은 결국 전화위복된 것입니다.

 그 당시 저는 일선 영업직원으로 백의종군하면서 왜라는 질문을 하지 않고, 그 상황을 순순히 받아들였습니다. 만약 지점장 강등이 억울하다고 토로하면서 "사회는 불공평해"라고 말했다면, 저에게 미래의 문이 안 열렸을 것입니다. 억울하더라도 받아들이는 훈련이 필요합니다. 그래야 일상으로 되돌아갈 수 있습니다.

 받아들이면 신기하게 해야 할 일이 보입니다. 닫혀있던 길이 열리기도 합니다. 독립을 준비하는 청년들은 귀담아들어 주기를 간곡히 부탁드립니다. 쉽지 않은 일입니다. 이를 악물고 어려운 상황을 받아들이기를 추천합니다.

 최근에는 억울한 일이 아니었지만 받아들이기 힘든 일이 있었습니다.

아들이 심장 판막이 고장 나서 세 번째 수술을 갑자기 하게 되었습니다. 태어날 때부터 선천성 심장병을 앓고 한 살 때 가슴을 여는 수술을 했고, 고등학교 2학년 때 판막을 삽입하는 두 번째 수술을 받았습니다. 이제 더 이상 수술은 없을 줄 알았지만, 한 달 만에 다시 수술을 하게 되었습니다. 우리 모두 많이 당황했습니다. 특히 결혼을 앞두고 있던 아들은 큰 충격을 받았습니다. 수술실에 들어가면서 엉엉 우는 모습을 보며 가슴이 찢어지는 슬픔을 느꼈습니다.

하지만 저는 이번에도 왜 이런 일이 아들에게 일어났는지, 내가 뭘 잘못해서 이런 일이 생겼는지 묻지 않았습니다. 그저 담담하게 상황을 받아들이고 현재 할 수 있는 간호에 최선을 다해 아들을 돌보았습니다. 다행히 수술은 평온하게 지나갔고, 한 달 뒤 아들은 일상으로 복귀할 수 있었습니다.

젊었을 때는 내게 무슨 죄가 있어서 우리 아들이 이런 고통을 겪는지 묻기도 했습니다. 그러나 그것은 부질없는 질문이었습니다. 답을 알 수도 없고, 대답도 없기 때문입니다. 그때 배운 지혜는 바로 상황을 잘 받아들이는 것이었습니다. '나에게 보내주셔서 다행이다. 경제력이 있는 나에게 왔으니 망정이지, 그렇지 않았다면 수술도 받지 못하고 하늘나라로 갔을 텐데'라고 스스로 위로하곤 했습니다.

다시 한번 말씀드리지만, 살다 보면 '산' 같은 어려움을 만날 때가 있습니다. 잘 받아들이면 문제의 실마리가 보이고 이내 해결 대안이 생각납니다. 그 길을 따라가다 보면 새로운 문이 열리게 됩니다.

(2) 심리학자의 조언 : 받아들이는 훈련

'자책과 후회 없이 나를 사랑하는 법'이라는 부제가 달린 책, 『받아들임』의 저자 타라 브랙이라는 심리학자가 있습니다. 그녀는 산타바바라에 소재한 필링 대학원에서 임상심리학 박사학위를 받았으며, 1988년 워싱턴에서 통찰명상회를 설립한 후 현재 스피릿 록 명상센터 등 다양한 현장에서 활동하고 있습니다.

타라 브랙은 받아들임에 대한 정확한 이해를 돕기 위해 몇 가지 개념과 비교하여 설명합니다.

첫째, 받아들임은 변화의 시발점이 된다고 말합니다. 자신을 있는 그대로 수용하면 변화와 성장의 동기를 잃을 것이라고 생각할 수 있습니다. 그러나 심리학자 칼 로저스를 인용하며 "신기한 역설은 내가 있는 그대로 수용할 때, 오히려 내가 변화할 수 있다는 것"이라고 설명합니다. 받아들임은 체념이 아니라 변화의 시작이라는 것입니다.

둘째, 받아들임은 현재의 문제에 집중하게 한다고 설명합니다. 만약 교통사고로 허리 아래가 마비되어 다시는 걸을 수 없게 되었을 때, 받아들임은 절망하여 체념하는 것을 의미하지 않습니다. 받아들임은 스스로 움직일 수 없음을 부정하지 않고, 현재의 문제에 집중하여 앞으로 나아갈 방법을 찾게 해줍니다.

셋째, 받아들임은 중독된 자신의 감정을 인식한다고 주장합니다. 예를 들어, 니코틴 중독의 경우 담배를 피우고 싶을 때마다 담배를 물어야 한다는 사실을 인정하는 것이 아닙니다. 대신, 담배를 피우고자 할 때 느끼는 갈망과 긴장을 명확히 인식하는 것을 의미합니다.

네 번째는 받아들임은 자유로운 행동으로 이해해야 한다고 합니다. 인도의 간디, 미얀마의 아웅 산 수지, 아프리카의 넬슨 만델라와 같은 인물들은 모두 감금의 고통을 겪었고, 자신들이 받는 탄압에 무력감, 외로움, 불안을 경험했지만, 그 현실을 잘 받아들였습니다. 그분들의 받아들임은 수동적인 활동이라기보다는 자유로운 행동으로 이해해야 한다고 전합니다.

마지막 다섯 번째는 받아들임은 객관적으로 제삼자의 시각을 갖는다고 강조합니다. 우리가 '자기'라고 해석하면 한 발 떨어져서 자신이 경험하는 내적 감정과 객관적으로 직면하게 됩니다. 이렇게 자신을 바라보면서 받아들이면, 자신을 수용한다기보다는 제삼자의 시각으로 자신을 바라보고 평가하게 된다는 이야기입니다.

타라 브랙은 20대 후반에 대학을 마치고 명상공동체에서 8년간 생활했습니다. 그곳에서 스승의 제안으로 한 남자와 결혼하고 아이를 갖게 되었지만, 과도한 업무로 인해 아기를 유산하게 되었습니다. 스승은 이 사건을 박사과정 공부와 직업적 야망 탓으로 돌리며 비난했습니다. 이러한 스승의 모욕과 비난을 받아들이며 타라 브랙은 공동체를 떠났고, 아기 유산을 스승의 책임으로 돌리지 않고 자신을 돌아보며 받아들임의 과정을 거쳤습니다. 이러한 경험을 통해 타라 브랙은 받아들임의 심리학을 개발하게 되었습니다.

저의 경험과 타라 브랙의 주장을 종합해 보면, 어려움과 억울한 문제에 직면할 때 받아들임은 수동적인 행동이 아닙니다. 오히려 미래를 여는 관문이자 변화의 시작점이며, 자신이 설정한 한계를 뛰어넘는 적극적인 개념이 될 수 있습니다.

독립을 준비하는 청년 여러분, 살다 보면 이해할 수 없는 일이 많이 생깁니다. 특히 억울한 일이 그렇습니다. 내 잘못이 없는 일들이 발생하기도 합니다. 그럴 때마다 받아들임, 즉 수용과 용납의 훈련이 필요합니다. 그것이 정답입니다.

최근에 김주환 교수의 『내면 소통』이라는 책에서 받아들임에 관한 다음과 같은 내용을 읽었습니다.

"실패와 역경 등 안 좋은 일을 저항하지 말고 심리적으로 잘 받아들이면, 절대로 이것이 나를 불행하게 만들지 못합니다. 현재 있는 그대로 모든 것을 수용하면 지금의 삶에 만족할 수 있고 종국에는 행복하게 됩니다."

이처럼 억울한 일 자체에 저항하지 않고 그냥 나의 삶에 통과하도록 내버려 두는 것이, 아무런 대처를 안 한다는 의미가 아닌, 오히려 저항하지 않으면 그 일 자체를 더 잘 대처할 수 있다고 주장합니다. 앞서 언급한 '타라 브랙' 교수님과 같은 생각을 설파하고 있습니다.

(3) 다른 대안 : 용서와 화해라는 기독교적 관점

TV에서 심리학자가 '화병'에 대해서 설명한 적이 있습니다. 화병이라는 용어가 우리나라에만 존재한다는 이야기에 신기했습니다. 억울한 일을 마음에 담아두면 화병으로 발전할 가능성이 있습니다. 화병은 명치에 뭔가 걸려 있는 듯한 신체 증상을 동반합니다. 이러한 마음의 응어리는 반드시 풀어야 합니다.

이 문제를 해결하는 방법으로 용서와 화해가 있습니다. 이것은 기독교적인 관점입니다.

기독교에서 말하는 용서의 근거는 하나님이 우리를 백억 원 상당의

돈을 지불하고 용서해 주었는데, 하물며 겨우 이백만 원밖에 안 되는 사람의 죄와 허물을 당연히 우리가 용서해야 한다고 가르칩니다. 기도의 표준인 주기도문에서도 "우리가 우리에게 죄지은 자를 사하여준 것 같이 우리 죄를 사하여주옵시고"라는 내용이 있습니다. 용서가 전제된 죄 사함을 간구하고 있습니다.

나는 하나도 잘못이 없는데 다른 사람으로 인해 억울한 피해가 생기면 그 사람을 용서하기가 힘듭니다. 그것이 인지상정입니다. 저도 고등학교 친한 친구가 금전적으로 큰 손해를 입힌 적이 있었습니다. 친구가 돈을 갚아야 하는데 갚지 않았습니다. 그 일만 생각하면 화가 치밀어 올랐습니다. 결국 그 친구는 다른 일로 감옥에 가고, 아내와도 이혼하게 되었습니다. 갚을 수 있는 상황이 전혀 아니었습니다. 저는 나를 위해서라도 그 친구를 용서하기로 했습니다. 그리고 화해를 시도했습니다. 돈은 다시 받을 수는 없었지만, 그 사건 이후로 가까운 사람과는 절대 금전 거래를 하지 않게 되었습니다. 큰 교훈을 얻은 것입니다.

저의 교회 조현삼 목사님은 용서와 화해에 관해 이렇게 말씀하십니다.

"우리에게 못 되게 한 사람이 있습니다. 우리를 배신한 사람이 있습니다. 여기저기 다니며 우리 욕을 하고 흉을 보고 다닌 사람이 있습니다. 생각하면 분하고 생각할수록 얄미운 사람입니다. 용서하고 싶지 않고 용서하기 싫은 사람입니다. 그를 보면 얼굴이 굳어지고 생각하면 화가

치밀어 오릅니다. 우리는 그런 사람을 용서하지 않고 살 수 있습니다. 사람을 만나 그 사람에 대해 안 좋게 말하며 살 수 있습니다. 어디 잘되나 보자고 하며 그가 안 되기를 바라며 살 수 있습니다."

"그러나 이런 상태로 살면, 살 수는 있지만 마음 편하게 누릴 수는 없습니다. 이 사람을 용서하지 않은 채 우리는 평안한 마음을 가질 수 없습니다. 이렇게 용서하지 않고 살면 내가 불행합니다. 좋은 일이 많이 생겨도 불행합니다. 이제 결정해야 합니다. 우리에게 나쁘게 한 사람을 용서하고 편안하게 살아야 합니다."

결국 우리는 나를 괴롭게 한 사람을 용서하고, 그 사람과 화해해야 합니다. 최소한 자신의 화병을 해결하기 위해서라도 마음을 풀어야 합니다.

이런 용서는 건강에도 매우 유익합니다. 김주환 교수의 『내면 소통』이라는 책에서 용서와 용서하지 않는 복수의 마음이 건강에 미치는 효과를 비교 설명하고 있습니다.

"미국 최고 병원인 메이요클리닉에서는 용서가 인간관계, 정신건강, 불안증과 우울증 해소, 면역력 증강 등에 유익한 효과가 있다고 설명합니다. 반면에 복수의 감정은 심혈관계와 수면에 부정적인 영향을 주어 결국 건강에 나쁜 영향을 준다고 이야기합니다."

추가로 고민해야 할 내용이 하나 더 있습니다. 용서를 언제 해야 하는지에 관한 판단입니다. 이에 관한 조 목사님의 조언도 참고할 필요가 있습니다. 구체적으로 상대방이 어떤 자세와 행동을 보일 때 내가 용서해야 할지 사실 잘 모를 때가 많습니다.

다음 내용을 참고하여서 결정하면 됩니다.

"용서는 나 혼자서 내 마음 안에서 하는 겁니다. 반면에 용서의 적용은 그 사람이 사과할 때 용서를 적용하는 겁니다. 내 마음에서 내가 해 버린 용서를 굳이 상대방에게 말할 필요는 없습니다."

"용서하지 않으면 우리 마음이 괴롭습니다. 그러기 때문에 우선 용서로 마음에 평안을 얻고, 그다음에 상대방이 사과할 때 비로소 용서하면 됩니다. 사과를 받아주는 것도 현명한 일입니다."

저도 저에게 금전적으로 손해 입힌 제 친구를 마음으로 용서했고, 찾아와서 사과하길 기다렸습니다. 그러나 작년에 부고 소식을 들었습니다. 마음으로라도 용서해서 제 마음은 평온했습니다. 갈 곳이 없어 방황하다가 어느 지방 행려 병원에서 그 친구의 죽음이 발견되었다고 합니다. 쓸쓸한 죽음을 맞이했습니다. 불쌍하기까지 했습니다.

우리는 이렇게 용서와 화해를 통해 억울한 일을 해소해야 합니다. 이것이 가장 마음 편하게 사는 방법입니다.

저는 억울한 문제, 특히 나를 고통스럽게 만드는 일에 관해서 1) 받아들임과 2) 용서라는 처방전을 제시하였습니다. 인생에서 이런 고통을 잘 해결하는 것이, 행복을 결정한다는 조사 보고서가 있습니다. (조지 베일런트, 『행복의 조건』, 프런티어)

그 저자는 고통을 자신만의 해석을 통하여 긍정적이고 성숙한 방어기제를 사용할 것을 권고하고 있습니다. 그런 방어기제로 승화, 억제, 예견, 이타주의, 유머 등이 있다고 합니다. 반면에 미성숙한 방어기제로는 투사, 분열증적인 환상, 수동 공격성, 행동화, 건강염려증, 해리 등이 있다고 합니다.

인생길에서 고통스러운 일이 생길 때 가능하면 성숙한 방어기제를 사용하길 기대해 봅니다.

요약

　이번 장에서는 삶 속에서 억울한 상황을 만났을 때 대처하는 방법에 대해 다루었습니다. 이에 대한 해법은 '왜'라는 질문보다는 받아들이는 것입니다. 받아들이면, 신기하게도 문제를 해결할 방법이 나타나기도 하며, 닫혀있던 길이 열리기도 합니다.

　『받아들임』이라는 책을 쓴 '타라 브랙'이라는 심리학자는 받아들임이란 체념이 아니라고 말합니다. 심리학자 칼 로저스를 인용하여 "내가 있는 그대로 수용할 때, 내가 변화할 수 있다는 역설"을 강조합니다.

　또한 받아들임은 자신의 한계로 자신을 정의하는 것이 아니며, 방종의 사실을 인정하는 것이 아니라고 주장합니다. 받아들임은 우리를 수동적으로 만들지 않으며, '자기'를 수용하는 것을 의미하지 않는다고 강조합니다. 오히려 우리가 '자기'라고 해석하면 한 발 떨어져서 자신의 내적 감정과 객관적으로 직면하게 된다고 합니다.

　이런 개념 설명을 하면서 '받아들임'에 관한 자기 경험을 직접 소개하기도 합니다. 어려움과 억울한 문제가 생길 때마다 받아들임은 수동적인 행동이 아닙니다. 미래를 여는 관문이 될 수 있고, 변화의 시작점이 될 수도 있으며, 더 나아가 자신이 설정한 한계를 뛰어넘는 적극적인 개념이 될 수 있습니다. 김주환 교수도 같은 내용을 『내면소통』이라는 책에서 설명하고 있습니다.

억울한 문제를 해결하는 또 다른 대안이 있습니다. 용서와 화해입니다. 잘못한 일은 상대방에게 용서를 구하고, 나에게 해를 끼친 사람이 찾아와 사과할 때 용서한다고 말해주어야 합니다.

정리하자면 1) 받아들임과 2) 용서는 억울한 마음을 편하게 하는 방법들입니다. 인생에 살면서 이 두 가지를 실천한다면 웬만한 어려움은 다 극복될 것입니다.

◆ **이해문제** ◆

1 인생을 살다 보면 어려움이 옵니다. 각자에게 닥친 어려움을 이야기해 보세요.

2 그런 어려움 중 내 잘못이 아니라는 생각에 아직 마음속에 담아둔 것이 있나요? 있다면 그 억울한 일을 어떻게 해야 한다고 생각하십니까? 서로 토론해 보세요.

3 저자는 억울한 일을 받아들이라고 충고합니다. 그것에 공감하나요? 공감한다면 그 이유는 무엇인가요? 공감하지 못한다면 그 이유는 무엇인가요?

4 '타라 브랙'이라는 심리학자의 받아들임의 조언은 무엇인가요? 본문의 내용으로 정리해 보세요.

5 어려운 일을 당하거나 억울한 일을 당하면 그 이유와 원인을 찾는데, 만약 그 이유와 원인을 못 찾을 때는 어떻게 하는 것이 지혜로울까요? 좋은 대안을 제시해 보세요.

6 용서는 왜 해야 하고 용서의 적용은 언제 해야 하나요? 한번 적어보고 가까운 사람과 이야기해 보세요.

12

진로만큼
재정 관리도 중요하다

저의 입사 동기는 미자립 청년을 위해 장학금을 지급하는 사업을 하고 있습니다. 그는 제게 가장 중요하고 시급한 것이, 돈 관리에 관한 콘텐츠가 필요하다고 강조했습니다. 저의 아들도 미국에서 혼자 산지가 벌써 10년 가까이 됩니다. 자립을 위한 가장 중요한 것이, 재정관리라고 하면서 돈 관리의 중요성에 공감하였습니다.

저는 10여 년간 다양한 스타트업의 흥망성쇠를 보아왔습니다. 개인이나 기업이나 재정관리는 비슷하다는 생각을 많이 했습니다. 개인이든 기업이든 오래 버티려면 고정비를 커버할 수 있는 수익이 있어야 합니다. 고정비에 걸맞은 매출을 확보하는 것이 사장이 해야 할 첫 번째 사명입니다. 그러기 위해서는 회사 운영에 필요한 매월 소요되는 고정비를 파악하는 것이 가장 기본입니다. 개인도 같습니다. 한 달 고정 생활비가 얼마인지 알아야 합니다.

두 번째로, 개인이든 기업이든 지속적인 성장을 위해서는 제품 개발에 필요한 투자를 해야 합니다. 이를 위해 외부로부터의 투자나 대출을 활용하여 자금을 확보하거나, 매출을 증대시켜 내부 유보자금을 축적해야 합니다.

그런 투자자금이 개인한테는 종잣돈에 해당합니다. 그것을 가지고 집도 사고, 채권과 주식 등 금융상품에 투자할 수 있습니다. 우리나라의 경우는 채권이나 주식 등 금융자산보다는 부동산 투자가 훨씬 수익률이 높아 그쪽으로 종잣돈이 많이 사용됩니다. 아마도 이것이 보통 직장인의 재테크 방법일 것입니다.

마지막으로 기업이나 개인 모두에게 현금흐름이 중요합니다. 회사의 자산이 많더라도 매출 부족으로 인해 현금흐름이 안 좋아지면 재정 위기에 처할 수 있습니다. 비슷하게, 개인도 일을 통해 월별 생활비를 확보하는 것이 중요합니다. 노후에는 이러한 안정적인 현금흐름이 필수적입니다. 또한, 생활비 마련을 위한 월세 투자나 주택연금을 통한 다른 현금흐름 창출 방법도 고려해 볼 수 있습니다.

재정 관리의 기본 원칙으로 위에서 언급한 세 가지 요소를 개인적인 경험과 부자들의 조언을 바탕으로 정리해 보았습니다. 부채의 장단점 또한 함께 설명하였습니다.

(1) 비용 관리를 위한 기초 : 월 고정비 파악과 대책

　지방에 사는 사람이 서울에 와서 대학 생활을 하려면 월세를 부담해야 합니다. 월세로 최소 50~60만원 가량이 듭니다. 거기다가 식비까지 더하면 100만 원 가까이 됩니다. 여기에 학업 관련 비용과 기타 용돈까지 생각하면 150만 원 정도 되어야 한 달을 버틸 수 있습니다.

　지방 학생은 최소 150만 원, 서울 학생은 100만 원의 고정경비가 필요하다고 보면 됩니다. 물론 부모의 지원이 있다면 이 문제는 해결될 수 있습니다. 그러나 만약 그렇지 않다면 주말에 아르바이트를 하여 생활비를 충당해야 합니다. 일주일에 이틀을 8시간씩 일한다면 약 80만 원 정도의 수익을 기대할 수 있습니다. 실제로 본인이 생활비 전부를 부담해야 한다면 더 많이 일해야 합니다. 그렇지 않으면 부채로 인해 공부에 집중하기가 어렵습니다.

　자립을 준비하는 청년들에게는 주거와 식비 부담이 중요한 고려 사항입니다. 주거와 식비가 해결되지 않으면 최소 150만원을 벌어야 하기에 쉽지 않은 서울 생활이 될 수 있습니다.

　일반적으로 정상적인 부모 밑에서 대학 생활을 하더라도 약 1천만 원에서 3천만 원 사이의 부채를 갖게 된다고 합니다. 부채 없이 대학 생활을 하는 것이 기적일 정도로 우리나라의 현실은 냉혹합니다.

외부 도움 없이 독립적인 생활을 하려고 한다면 무조건 최저 임금으로 한 달 내내 아르바이트해야 합니다. 졸업하고 취업해도 대기업이 아니면 초기 급여가 200여만 원 수준을 크게 넘지 않습니다. 이렇듯 먹고 사는 문제가 쉽지 않습니다.

저는 여러분이 돈의 소중함을 좀 더 젊었을 때 깨우쳤으면 좋겠습니다. 물론 그러기가 쉽지 않습니다. 그러나 자기 스스로 돈을 벌려고 아르바이트해보면 금방 알게 됩니다. 돈 버는 것 자체가, 사람을 피곤하게 만들고 스트레스를 줍니다. 먹고 사는 문제가 쉽지 않다는 사실을 바로 알게 됩니다.

저는 가능한 한 빨리 돈 벌기가 쉽지 않다는 사실을 깨우쳐야 인생의 시작이 순탄하다고 믿습니다. 돈 쓰기는 쉬워도 벌기는 엄청 어렵다는 진실을 뼈저리게 알아야만 합니다. 그렇지 않으면 지속해서 생활비 적자가 발생해 부채가 많아지게 되며, 첫 독립생활을 빚으로 시작하게 됩니다. 이것은 정신적으로 사람에게 큰 부담을 줍니다.

요즈음 저는 대학에 가지 않고 바로 사회에 진출하는 진로에 대해 고민하고 있습니다. 예를 들어 부사관으로 직업군인이 되거나, 과일 장사를 배워 독립하는 경우, 또는 커피 프랜차이즈에서 점포 매니저로 성장하거나, 백화점에서 신사복 판매 영업사원이 되는 것입니다. 또는 목수나 타일 등의 현장 일을 배워 인테리어 전문가가 되는 것도 좋습니다.

공부에 적성이 맞지 않는다면 외국과 같이 바로 사회에 진출하는 것도 한 가지 대안인 것입니다. 20대 젊었을 때 대학에 가지 않고 사회에 진출해서 위에 언급한 다양한 일을 배워, 돈을 모으는 진로를 한 번쯤 생각할 때입니다. 특히 자립을 준비하는 청년들에게 이런 진로 대안을 권장합니다.

3년간 우리나라 재테크 관련 최장기 베스트셀러인 『돈의 속성』의 저자 최승호 대표는 소박하고 검소한 삶을 살라고 조언합니다. 소위 '쿼터(Quarter)의 법칙'이라고 불리는 것으로, 자기 급여의 1/4 수준으로 생활하는 것을 말합니다. 그러면 경제적 문제가 생겼을 때 수입 없이 3년간 버틸 수 있다고 합니다. 가능한 부채와 빚을 질 원인을 원천 봉쇄하는 방법입니다.

이런 삶의 자세는 취업한 사회초년생들에게 고정 생활비를 줄이는 전략이 될 수 있습니다. 젊어서부터 이를 습관화하면 남보다 빨리 자산을 모을 수 있는 기반이 형성될 것입니다.

(2) 자산 늘리기의 출발 : 저축과 투자 등으로 종잣돈 만들기

저는 어른들로부터 "일찍 결혼해야 돈을 빨리 모은다"라는 말을 자주 들으며 자랐습니다. 그러나 요즈음 결혼하기가 너무 어려운 것도 현실입니다. 자기 혼자 생활하는 것도 버거운데, 집 장만해서 결혼한다

는 것은 너무 이상적으로 느껴집니다.

최근에는 자녀를 갖는 것을 포기하는 부부들도 늘어나고 있습니다. 이런 부부들을 '딩크족'이라고 부르는데, 자녀를 키우는 비용도 문제지만, 출산 후 일을 그만두어야 하는 사회적 환경도 큰 원인이 됩니다. 자녀가 없다면 맞벌이를 통해 더 빨리 재산을 모으고 생활이 안정될 수 있기 때문입니다.

미국에서도 독신보다는 결혼한 부부가 더 빨리 자산을 모은다는 통계가 있습니다. 팀 켈러의 『결혼을 말하다』에 따르면, 결혼한 경우가 독신으로 사는 것보다 10~40% 더 많은 수입을 올리며, 은퇴자도 마찬가지로 결혼한 사람이 재정 상태가 더 좋다고 합니다. 이혼 후 혼자 사는 사람보다 결혼생활을 함께 해 온 사람의 재정 상태가 70퍼센트 정도 더 나은 것으로 나타났습니다.(팀 켈러,『결혼을 말하다』, 두란노)

좋은 직장에 취업하고 3~5년 정상적인 회사 생활하면 결혼을 시도할 기회가 생깁니다. 저는 그런 청년들에게 결혼하는 것이 돈은 모으는 비결이라는 사실을 강조하고 싶습니다. 둘이 같이 벌면 혼자 버는 사람보다 빨리 자산을 형성할 수 있습니다. 혼자 사는 경우에는 많은 비용이 허투로 소비될 수 있습니다. 동양과 서양에서 모두 "결혼은 재정적인 안정을 가져다준다"고 얘기합니다.

두 번째 자산을 늘리는 방법은 10년이라는 긴 시간을 정하고 매월 50~100만 원씩 저축 혹은 투자하는 방법입니다. 이 방법은 오랜 시간이 걸린다는 사실을 유념해야 합니다. 단기적으로 일확천금을 바라는 것은 현실적이지 않습니다. 그런 일은 이 세상에 절대 존재하지 않습니다.

저는 늦둥이 딸 대학자금을 마련하기 위해 은퇴 전부터 매달 50만 원을 10년동안 저축했습니다. 약 7천에서 8천만 원 정도의 종잣돈이 만들어져 현재 교육비로 사용되고 있습니다. 종잣돈을 만드는 데에는 저축과 투자 등의 방법으로 10년 이상 긴 호흡으로 모아야 합니다. 그래야 모입니다. 보통의 직장생활을 하는 사람은 이 방법 말고 다른 방법이 없습니다. 만약 제가 100만 원을 저축했다면 1억 7~8천만 원을 모을 수 있었습니다.

10년을 목표로 실행해야 합니다. 결혼 후 두 사람이 협력하면 시간과 자산 쌓는 노력을 반으로 나눌 수 있습니다. 물론 금방 돈을 모을 수 있는 것은 절대 아닙니다. 종잣돈 만드는 데 들어가는 시간은 의외로 깁니다.

제가 40대부터 현금 흐름이 좋아져 약 10년간 월 100만 원씩 주식형 펀드에 투자한 적이 있습니다. 이로 인해 큰아이의 미국 유학 비용을 대부분 충당할 수 있었습니다. 주식 투자는 저축에 비해 높은 수익률을 기록합니다. 연평균 수익률이 10%를 넘었습니다. 물론 저축에 비해 높은 수익률을 기대할 수 있지만, 투자는 원금이 보장되지 않는 점을 유념해야 합니다.

최근 정부에서 지원하는 청년희망적금은 2년에 2천만 원, 청년도약계좌는 5년에 5천만 원의 종잣돈을 모을 수 있습니다. 원금이 보장되는 저축상품이니 참고하기를 바랍니다.

저의 30대는 아들 하나 키우며 사는 데에 급급했습니다. 저축할 여력이 전혀 없었습니다. 집 대출금 갚느라고 항상 생활비가 부족했습니다. 취업한 지 10년이 지난 30대 후반, 40대 초부터 저축과 투자할 여윳돈이 생기기 시작했습니다.

요약하자면 30대 집을 사고 대출금을 갚느라 시간을 보냈고, 두 자녀를 위해 40대에는 주식형 펀드에 10년 투자했고, 50대에는 10년간의 저축을 통해 막내 교육에 필요한 종잣돈을 만들었습니다. 모두 투자 기간이 10년이었습니다. 돈은 쉽게 모이지 않습니다. 긴 호흡으로 저축과 투자를 해야 합니다.

오마하의 현인으로 불리는 워런 버핏의 동업자 찰리멍거도 일확천금을 노리는 투자는 올바르지 않다고 주장합니다. (김재현·이건, 『찰리멍거 바이블』, 에프엔미디어) 이 세상에서 제일 부자의 조언입니다.

요즈음 젊은 사람들은 빨리 돈을 벌기 위해서 코인 투자를 합니다. 보통 손실률이 90%까지 떨어지는 코인이 많습니다. 좋은 코인은 기다리면 원금 회복이 됩니다. 예를 들어 비트코인, 이더리움 등이 우량 코인들입니다. 대부분의 젊은 친구들이 이런 코인에 50% 이상 장기 투자를 안 합니다. 그러니 대부분 코인 투자는 실패로 끝납니다. 만약 비트코인과 이더리움 등의 우량 코인에 장기적으로 10년 동안 꾸준히 투자한다면, 큰 자산으로 성장할 수 있는 가능성이 높습니다. 짧은 시간 내 투자보다는 장기적이고 긴 호흡의 투자를 권장합니다.

내 친구인 치과의사는 매달 150만 원씩 두 개의 주식 종목에 적립식으로 투자합니다. 종목을 추천할 때 제가 한 조언은 "10년을 기준으로 투자하라. 일시적인 변동에 휩쓸리지 말고 꾸준히 매월 우량 주식에 투자하면 10년 후에는 큰 자산으로 성장할 수 있다."는 것이었습니다. 결국 자신의 자산을 증대시키는 가장 확실한 방법은 10년 동안 꾸준히 매월 저축하거나 투자하는 것입니다.

베스트셀러인 『돈의 속성』의 저자 김승호 대표는 직장인들에게 부자가 되는 방법으로 급여의 20% 이상을 계속 모아서 종잣돈을 만들라고 조언합니다. 급여의 20% 정도를 장기적으로 투자하면 은퇴 후에도 안정적인 생활을 보장받을 수 있다고 합니다. 이 조언을 명심해야 합니다.

부동산도 마찬가지입니다. 저는 청약저축을 통해 집을 구입했습니다.

15년이 지난 후 투자 금액 대비 6~7배의 가치가 올랐습니다. 다른 지역의 경우는 10배 이상 오른 것도 많습니다. 부동산도 긴 호흡으로 장기 투자해야 돈을 벌고 자산을 모을 수 있습니다.

자산을 쌓기 위해서는 금융 지식에 대한 깊은 이해가 필요합니다. 제가 증권회사에서 근무한 경험 덕분에 주식, 채권, 펀드 등 다양한 금융상품에 대한 지식을 쌓을 수 있었습니다. 또한 두 자녀를 해외 유학 보내는 과정에서 오랜 기간 동안 환율 변동을 경험하면서 자연스럽게 환율 전문가가 되었습니다.

참고로 투자 금액이 두 배가 되는 데 필요한 시간을 알려주는 '72 법칙'이 있습니다. 예를 들어, 5%로 자금을 운용한다면 투자 금액이 2배가 되는 기간은 72 ÷ 5 = 14.4 (년)이 소요됩니다. 마찬가지로, 10%로 자금을 운용한다면 72 ÷ 10 = 7.2 (년)이 걸립니다.

(3) 노후 대비한 포트폴리오 만들기 : 현금흐름이 중요변수

젊은 청년에게 노후 대비 이야기를 하면 의아해할 수 있습니다. 하지만 이제 우리는 100세 시대를 맞이하고 있으며, 은퇴 이후에도 30년을 더 살아야 합니다. 저처럼 직장생활만 한 사람은 경쟁력이 없습니다.

젊었을 때부터 일반직보다는 전문직으로 진로를 설정해 노후에도 계속 일할 수 있는 기반을 닦아야 합니다. 아니면 취업하면서 부업과 자기 사업을 시도해 죽을 때까지 일할 수 있는 기반을 만들어야 합니다.

최근에 동시통역과 부업으로 쇼핑몰을 운영하던 젊은 친구에게 식사 대접을 받았습니다. 이 친구는 구미에 있는 기업에서 2년간 일하다가, 서울에 있는 대형 쇼핑몰 회사의 통역 전문직으로 이직했습니다. 이 직장은 동시 통역사들에게는 꿈의 직장으로 불리며, 재택근무와 육아휴직 등 일하면서 자녀를 키우기 최적의 조건을 갖추고 있습니다. 그의 경력을 인정받아 대기업 과장 월급으로 이직했다고 합니다.

현재 직장을 계속 다니다가 정년 이후에는 쇼핑몰 운영을 통해 계속 일할 수 있습니다. 이 친구는 30대 초반에 이미 사업 운영 노하우와 동시통역이라는 전문직을 완성했습니다. 이처럼 취업하면서 1) 전문적인 일과 2) 쇼핑몰 운영을 통해 자기 사업의 노하우를 갖추었기 때문에, 이런 친구들은 노후가 걱정이 없습니다. 일을 통해 계속 현금흐름을 창출할 가능성이 높기 때문입니다.

이처럼 부업을 통해 돈을 벌고, 거기에다 국민연금, 퇴직연금, 개인연금 등 3층 연금을 합치면 500만 원 이상의 현금 흐름이 발생하게 됩니다. 젊어서 부업과 자기 사업이 필요한 이유입니다.

또 다른 방법은 부동산을 소유하는 것입니다. 월세용 아파트나 상가를 보유하거나, 10억 원 정도의 주택을 주택연금으로 전환하면 월 300만 원의 현금을 받을 수 있습니다. 만약 이분이 저처럼 30년간 직장생활을 했다면 월 200만 원의 국민연금을 받게 됩니다. 이렇게 하면 한 달에 500만 원 이상의 현금 흐름이 생깁니다.

이것이 자산을 유동화하여 노후를 준비하는 방법입니다. 부동산을 많이 소유한 분은 문제가 없습니다. 월세를 받거나 주택연금을 활용하여 유동화하면 됩니다. 따라서 젊었을 때 일과 부업, 자기 사업 등을 통해 부동산 등 재산을 잘 모아야 합니다.

그러나 이 방법은 과거 선배들에게는 가능했을지 몰라도, 현재의 젊은이들에게는 부동산 가격이 너무 올라 현실성이 없어 보입니다. 따라서 저는 일을 통해 특히 부업과 자기 사업을 통해 노후를 대비하는 전략을 권고하고 싶습니다.

참고로 '25 법칙'을 알아두면 편리합니다. 만약 월 300만 원의 현금 흐름을 만들려면 (300×12개월) × 25 = 9억이 필요합니다. 내가 월 500만 원의 현금흐름이 필요하면 얼마의 자산이 필요할까요?

연간 현금흐름을 먼저 계산합니다. 500 × 12개월 = 6천만 원입니다. 이 6천만 원에 25를 곱합니다. 그러면 15억이 나옵니다. 15억의 자산이 있어야 월 500만 원의 현금흐름이 생긴다는 말입니다. 여기서 가정은 15억을 약 4%로 투자 운영한다는 가정입니다. 보통 월세가 4%로 운영됩니다. 같은 투자 수익률입니다.

(4) 부채의 양면성 : 빚의 역습과 활용

　회사가 매출이 증가하는 경우 차입경영을 통해 부채를 늘리게 됩니다. 그러면 회사의 이익을 빠르게 확대시킬 수 있습니다. 반면에 매출이 줄거나 경영환경이 어려워지면 무차입 경영으로 부채를 재빠르게 축소해야 합니다. 그래야 도산하지 않고 회사가 지속적인 생존이 가능합니다.

　개인도 비슷합니다. 급여가 늘어날 때는 부채로 집을 사거나 빚을 활용한 투자를 하더라도 문제가 되지 않습니다. 그러나 현금이 부족한 상황에서 부채로 집을 사거나 신용으로 투자하면 큰 문제가 발생할 수 있습니다. 시간이 지나 이자를 감당하지 못하면 집을 경매당하거나, 주식 투자의 경우 반대 매매로 인해 투자액 전부를 잃을 수 있습니다.

　이처럼 부채는 양면성을 가지고 있습니다. 우리 세대는 경제가 발전하던 시기에 부동산 불패 신화를 경험했습니다. 전세를 안고 집을 사거나 부채를 활용한 투자로 큰 이익을 얻은 사례가 많았습니다. 그러나 이제는 경제가 안정적으로 성장하는 시대로 전환되었습니다. 무리한 부채를 활용한 투자는 조심해야 합니다. 부동산 '캡 투자'도 신중해야 합니다. 최근 이런 투자로 전세 사기를 당한 사람들이 많아 사회적 문제가 되기도 합니다.

부채가 개인에게 어떤 심리적 영향이 주는지 정리한 글을 읽고 저도 많이 공감했습니다. (최영수,『월요일의 그리스도인』, 생명의말씀사)

1) 빚이 늘면 돈에 점점 종속됩니다.
2) 빚이 늘면 효율적인 돈 관리가 어려워집니다.
3) 빚이 늘면 대인관계가 무너집니다.
4) 빚이 늘면 신용 카드 관리가 어려워집니다.
5) 오랜 시간 빚이 해결되지 않으면 가정이 무너집니다.

다 맞는 말입니다. 하나하나 곱씹어 볼 필요가 있습니다. 제 주위에도 파생상품과 주식 투자 손실로 이혼한 부부가 있습니다. 가정 형편이 어려워지자 자녀와 갈등이 생겨 가출로 이어지는 경우도 보았습니다. 돈 관리나 재정 관리에 실패하면 본인뿐만 아니라 가정 모두가 함께 무너집니다. 이것이 '부채와 빚의 역습'입니다. 부채와 빚은 조심해야 하고 신중하게 다루어야 할 주제입니다.

우리나라 청년들 중 많은 이들이 학자금 융자 등으로 인해 빚을 안고 사회생활을 시작합니다. 가능하면 우선 빚을 먼저 갚고 출발하는 것이 좋습니다. 취업하면 가장 먼저 빚을 청산해야 합니다. 이는 심리적 안정에 매우 유익합니다. 이는 자신과 가정, 그리고 인간관계에 문제가 생기지 않게 하는 비결이기도 합니다. 부채 관리에 신경 써주길 당부드립니다.

　이제 부채 활용에 대해 설명하겠습니다. 부채의 긍정적인 측면을 의미합니다. 제가 아는 두 분의 사업가가 있습니다. 한 분은 아산에 자기 공장을 가지고 있고, 또 한 분은 대구에 임대 공장을 가지고 사업을 하고 있습니다. 두 분 다 사업한 지 30년이 되었습니다. 그러나 두 분의 재산 상태는 현재 천지 차이입니다. 그 이유는 아산에서 사업하는 분은 빚을 내어 땅을 사서 30년간 갚아 자신 소유로 만든 반면, 대구에서 사업하는 분은 임대 공장에서 매월 월세를 내며 사업을 한 결과입니다.

　자본주의 경제 시스템에서는 인플레이션 헤지가 가능하고, 지속적으로 우상향하는 자산을 빚을 내어 장기적으로 갚아나가면 큰 부자가 될 수 있습니다. 이러한 자산의 대표적인 예로는 부동산, 금, 우량주식 등이 있습니다. 최근에는 디지털 금이라고 불리는 비트코인도 부자들이 보유하려는 자산입니다.

　개인도 마찬가지입니다. 장기적으로 부동산, 특히 집을 마련하는 것은 매우 중요합니다. 우리 시대에는 쉽게 샀지만, 최근 젊은이들에게는 매우 어렵게 된 것도 사실입니다. 하지만 소수의 젊은이는 다양한 방법으로 부동산을 소유하고 있습니다. 이러한 사람들은 그것을 담보로 주식이나 비트코인 등에 투자하여 신흥 갑부가 되기도 합니다. 역으로 우량주식과 비트코인 등 암호화폐에 투자한 후, 이를 담보로 부동산을 사는 사례도 있습니다. 가진 사람이 더욱 부자가 되는 사회가 되었습니다.

이런 사회에서 지혜롭게 살려면 종잣돈을 만드는 것이 중요합니다. 저축과 투자 등을 통해 장기간에 걸쳐 차근차근 축적해야 합니다. 이후 자기 자본과 부채를 활용하여 부동산, 우량주식, 금, 비트코인 등 지속적으로 가치가 상승하는 자산을 보유해야 합니다. 이것이 현 경제 시스템하에서 부채, 즉 레버리지를 활용하여 부자가 되는 방법입니다.

이렇게 성공하기 위해서는 부채 관리가 중요합니다. 최근에 '518 법칙'이라는 부채 관리 노하우를 알게 되어서 같이 공유해 봅니다. (신민철, 『돈의 규칙』, 베가북스)

5 = 자산 대비 부채비율이 50%에 도달하면
1 = 자산의 10%를 매도
8 = 자본 대비 부채비율 80%로 조정

예를 들면 주식 1억을 담보로 5,000만 원의 대출을 받아 주식을 매수했다고 가정해 봅시다. 총주식은 1억 5,000만 원이고 그중 부채는 5,000만 원이 됩니다. 자산 대비 부채비율은 33%가 됩니다. (5,000만

원 ÷ 1억 5,000만 원 = 33%)

주가가 하락하여 주식 평가금액이 1억이 되면 자산 대비 부채비율이 50%가 됩니다. 이러면 518 법칙의 5가 됩니다. 바로 자산 10%를 매도해서 즉 1,000만 원을 청산합니다. (518 법칙의 가운데 1 실행) 그 결과 자본은 5,000만 원, 부채는 4,000만 원, 자본 대비 부채비율은 80%가 됩니다. 518 법칙의 마지막 8이 완성됩니다.

이처럼 부채 관리를 철저히 하면 빚과 부채를 활용해도 문제가 없습니다.

◆ **요약** ◆

청년들을 위해 재정관리에 관한 조언을 설명하는 장입니다. 저는 기업의 재정관리나 개인의 재정관리나 같다는 전제에서 출발하였습니다.

첫째, 기업의 초기 단계에서 고정비가 중요하듯 개인도 한 달 생활비를 파악하는 것이 중요합니다. 기업은 고정비를 커버할 수 있는 매출이 필요하며, 그렇지 않으면 적자가 발생해 회사가 문을 닫을 수 있습니다. 개인도 마찬가지로 자신의 고정비를 파악하고 이에 맞는 수익을 창출해야 합니다.

둘째, 기업이 성장하려면 기술 개발에 계속 투자해야 하며, 매출이 발생하지 않으면 외부에서 자금을 조달해야 합니다. 개인도 취업해서 급여를 받기 시작해야 독립이 가능합니다. 아니면 아르바이트를 통해 현금 수입을 발생시켜 투자할 종잣돈을 마련해야 합니다.

셋째, 은퇴 후에는 고정자산보다는 현금흐름이 더 중요합니다. 젊었을 때 1) 부동산과 금융상품 등 자산을 축적하거나, 2) 은퇴 후에도 일을 할 수 있는 능력을 평소에 키워야 합니다. 저는 1)보다 2)를 선호합니다. 젊었을 때 전문적인 일을 하거나, 자기 사업을 만들어 평생 현역으로 살기를 조언합니다.

재정 관리에서 꼭 기억해야 할 것은 일확천금을 노리는 단기적인 시각을 지양하는 것입니다. 세상에 그런 상품은 없습니다. 종잣돈은 10년 동안 장기간 저축이나 투자를 통해 형성됩니다. 기간을 단축하려면 맞벌이하는 배우자와 결혼하는 것도 한 방법입니다.

 또한 빚을 가지면 여러 가지 문제가 생길 수 있습니다. 이것을 '부채의 역습'이라고 합니다. 한편, 부채 관리를 잘하면서 부동산, 우량주식, 비트코인 등 우상향하는 자산을 사는 것, 그것을 "부채를 활용한 투자"라고 합니다. 이처럼 부채에는 양면성이 있습니다.

◆ 이해문제 ◆

1 개인의 재정관리와 회사의 재무관리에는 유사한 부분이 있습니다. 본문의 내용을 읽고 설명해 보세요.

2 고정비가 얼마인지 아는 것이 재정관리의 시작이라고 합니다. 그 이유가 무엇이라고 생각하십니까? 매달 생활비가 부족하면, 우리는 어떤 선택을 해야 하나요? 빚을 내는 방법 이외의 다른 대안은 무엇일까요? 쿼터의 법칙에 관해서도 서로 토론해 보세요.

3 재정관리의 잘못된 시각으로 일확천금을 생각하는 자세라고 설명합니다. 공감한다면 그 이유는 무엇인가요? 공감하지 못한다면 그 이유는 무엇인가요?

4 보통 종잣돈을 모으려면 얼마의 시간이 걸린다고 생각하십니까? 각자 의견을 제시해보고, 서로 토론해 보세요.

5 72 법칙과 25법칙, 518 법칙을 간단히 설명해 보세요.

6 노후 생활을 준비하는 두 가지 방법이 있습니다. 두 가지 방법을 설명하고 각각 대안의 장단점을 비교해 보세요.

7 부채의 역습과 활용이란 무엇을 말합니까? 각각의 장단점을 토론해 보세요.

에필로그
내가 만난 인생 멘토

이 책을 마무리하면서 두 가지 주요 내용을 숫자로 정리할 수 있습니다.

첫 번째는 '2×5 인생 진로 법칙'으로 정리됩니다. 1) 비전과 목표가 구체화된 삶과 2) 그렇지 못한 삶에 관한 것이 처음 2의 의미이고, 그다음 5라는 숫자는 인생 진로 모델을 말합니다. 저는 그것을 1) 전문가의 삶, 2) 해외 진출 모델, 3) 부업의 삶, 4) 자기 사업 모델 그리고 5) 조기 은퇴하는 파이어족 모델 등으로 설명하였습니다.

두 번째는 실행전략으로 '3×3×3 전법'으로 요약할 수 있습니다. 이것은 인생을 경쟁력 있게 살기 위해서 꼭 자기 것으로 만들어야 하는 실행에 관련된 것들입니다. 처음 3자는 1) 자기소개서 쓰는 방법, 2) 경력 기술서 작성 방법, 3) 창업에 필요한 사업계획서 만드는 방법을 말합니다. 가운데 3자는 현재 젊은 청년들이 준비해야 할 요소로, 1) 자기 적성과 관심 있는 일을 경험하기, 2) 책 읽기와 글쓰기(차선책으로 자기소개서 쓰기 훈련 추천), 3) 자기 결정력 훈련으로 스스로 목표를 설정하고 계획하고 실천하기 등을 제시하였습니다. 본문에서는 경험하기를 둘로 나누어 직업 찾는 경험과 관심 있는 일을 구분하여 설명했지만, 경험이라는 키워드로 합칠 수 있습니다. 마지막 3은 청년들의 고민과 질문을 다루며, 1) 외로움, 2) 억울한 일, 3) 돈 관리 등을 포함합니다.

이러한 진로 법칙과 실행전략 두 가지를 깊이 명심하고 매일 최선을 다해 자기만의 스킬로 만든다면, 여러분의 인생 진로는 순탄하게 될 것입니다.

이제 저의 인생에서 큰 영향을 준 멘토를 소개하려고 합니다.

첫 번째 멘토는 제가 다니고 있는 서울광염교회를 담임하신 조현삼 목사님과 이석진 부목사님입니다. 실천 신앙의 표본 같은 분들입니다. 두 분 목사님은 국내 뿐만 아니라 해외의 재난 현장에 직접 찾아가 구제하고 돕는 일을 사명처럼 여깁니다. 거의 30여 년을 '한국기독교연합봉사단'이라는 이름으로 어려운 이웃에게 실질적인 도움이 되도록 물질로 봉사하는 삶을 살아오셨습니다.

이 두 목사님의 영향으로 저도 은퇴 후 사단법인을 만들어 봉사하는 삶을 살게 되었습니다. 말보다는 몸으로 실천하며 사는 것이 주위 사람들을 변화시키는 유일한 길임을 깨달았습니다.

두 번째 멘토는 책에서 만난 분들입니다. 1) 회복탄력성의 저자인 김주환 교수입니다. 최근에 출간한 『내면 소통』이라는 책도 뇌과학을 이해하는 데 큰 도움이 되었습니다. 이 책에서 리듬에 맞추어 움직이는 운동이 건강에 좋다는 사실이 저에게는 흥미로웠습니다.

또한, 우리 자아가 세 가지로 존재한다는 이야기도 인상적이었습니다. 이는 곧 1) 기억 자아, 2) 경험 자아, 2) 배경 자아입니다. 특히 우리를 지켜보는 배경 자아는 기억 자아와 경험 자아를 알아차리는 존재로, 내가 나에 대해서 생각하거나 나 자신을 돌이켜보는 내면 소통을 가능하게 해준다고 합니다.

2) 또 다른 분은 영국의 철학자 알랭 드 보통이라는 분입니다. 그는 '인생 학교'

라는 이름으로 학교에서 배울 수 없는 각종 문제를 다룹니다. 최근에 이 철학자에게 큰 영향을 준 영국의 역사학자 시어도어 젤딘의 책 『인생의 발견』도 아주 흥미롭게 읽었습니다. 알랭 드 보통의 또 다른 저서인 『불안』과 『왜 나는 너를 사랑하는가』, 『여행의 기술』이라는 책도 재미있게 읽었습니다.

3) 책으로 만난 또 다른 멘토는 클레이튼 M. 크리스텐슨이라는 분입니다. 미국 하버드대 경영학 교수이며 혁신이론의 대가입니다. 1997년에 발간된 『혁신기업의 딜레마』라는 책으로 더 유명한 석학입니다.

특히 『하버드 인생학 특강』이라는 그분의 저서는 부모님과 직업상담 선생님들이 한 번쯤 읽어보길 강력히 추천합니다. 진로에 관한 새로운 시각을 갖게 될 것입니다.

마지막 멘토는 직장 선배, 동료, 친구들입니다. 인생의 어려운 시기에 이들은 제 이야기를 들어주고, 공감해주고, 지지해주며, 유익한 충고를 해주었습니다. 이들은 오랫동안 저를 보아왔기에 저의 장단점을 잘 아는 사람들입니다. 특히, 가정 상황까지 잘 아는 절친들도 있어, 은퇴 후 인생의 길을 걸어갈 때 큰 도움이 되었습니다. 이들이 없었다면 제 인생은 매우 어려웠을 것입니다.

저처럼 제가 만난 좋은 멘토들은 인생의 긴 항해에서 버팀목과 안식처 역할을 해주셨습니다. 마음이 힘들 때, 어려운 일을 당할 때마다 그분들 덕분에 다시 일어설 수 있는 힘을 얻었습니다. 여러분 주위에도 이런 훌륭한 멘토들이 있기를 기대해 봅니다.

저는 인생에서 추억만큼 우리에게 기쁨을 가져다주는 것은 없다고 생각합니다. 여행, 음악, 춤 등 문화 활동을 통해 그런 추억이 만들어집니다. 우리 선조들은 이를 풍류라고 불렀습니다. 저는 아이들이 어릴 때부터 여름과 겨울에 꼭 두 번씩 함께 여행을 다녔습니다. 지금도 가족 여행을 좋아하고, 잘 따라 나섭니다. 젊은 시절에는 팝송과 가요를 즐겨 들었고, 요즘에는 클래식 음악도 듣습니다. 한때 춤을 좋아해서 친구들과 함께 여러 곳을 다니기도 했습니다. 최근에는 춤 경연 프로그램인 '스트릿 우먼 파이터'를 보면서 춤이 음지에서 양지로 나와 많은 이들의 사랑을 받게 되어 매우 기뻤습니다.

저는 여러분이 풍류의 멋을 아는 젊은이가 되기를 희망합니다. 그것은 추억을 만드는 통로입니다. 이런 추억은 삶을 더욱 빛나게 하고, 어려울 때 큰 위로와 위안이 됩니다. 독립만 준비한다고 '인생의 멋'을 잃으면 안 됩니다. 좋아하는 가수 공연도 보고, 친구들과 춤 동아리 활동도 해보고, 돈을 모아 친구들과 멋진 곳으로 여행도 가보기를 추천합니다. 이것이 인생사는 멋입니다. 밋밋한 삶보다 역동적인 삶이 되기를 다시 한 번 기원합니다.

제가 이 책의 원고를 마지막까지 마무리하게 도와준 친구가 있습니다. SK그룹과 디스커버리 그룹에서 일하는 이용석 부사장입니다. 이 친구가 저에게 릭 워렌 목사님의 일화를 이야기해주었습니다.

릭 워렌 목사님은 우리 시대의 베스트셀러인 『목적이 이끄는 삶』을 쓰신 목사님입니다. 그분의 자녀가 우울증으로 고생하다가 자살한 사건이 있었습니다. 목사님은 큰 좌절을 겪고 한동안 설교를 하지 않았습니다. 그분을 힘들게 한 것은 주위의 따가운 시선이었습니다. "어떻게 목사님의 아들이 자살할 수가 있을까?"라는 비난의 눈총이었습니다. 목사님은 3개월이 지난 어느 시점에 "하나님은 그렇지 않다"라는 말씀을 듣고 회복합니다.

저 역시 인생에서 시행착오가 많았기에 "누군가에게는 도움이 되지 않을까" 하는 기대로 이 글을 쓰기 시작했습니다. 제가 완벽해서 쓴 것이 아닙니다. 어쩌면 부족해서 쓴 것입니다.

이 책의 시작은 돌아가신 장인어른과 세 번째 심장 수술을 받은 아들을 병간호하면서부터입니다. 장인어른은 끝내 코로나 후유증으로 돌아가셨고, 아들은 수술 경과가 좋아 미국으로 돌아갔습니다. 그 당시 죽음과 삶이 공존하는 인생의 순간을 만났습니다. 참 아이러니하다고 생각했습니다.

장인어른뿐만 아니라 돌아가신 저희 부모님 모두를 간호한 저의 아내 김광미 여사에게 고마움을 전합니다. 부모와 자식 뒷바라지가 기쁨이 되는 이유가 '가족'이라는 사실임을 뒤늦게 깨우치게 되었습니다. 결국 가족만이 우리 곁을 마지막까지 지켜줍니다. 우리 늦둥이 막내는 혼자서 공부하고 밥해 먹고 다니며 미국 생활을 잘 해내고 있어, 기특하다고 격려의 말을 보냅니다. 미국에 정착을 결정한 제 아들에게 "너를 통해 사랑을 배웠다"라고 꼭 이야기해 주고 싶습니다.

자립 준비 청년을 돕는 단체를 소개한 이재한 교수와 자립 준비 청년을 위한 봉사활동을 같이하자고 제의해준 김용성 회장에게 감사의 마음을 보냅니다. 마지막으로 제 원고를 여러 번 읽어주면서 새로운 시각과 잘못된 표현 등 세밀하게 현미경처럼 교정해준 민보윤 편집장님께 그 어느 때 보다 감사한 마음을 전합니다. 그분 덕분에 더욱 풍성하고 좋은 글이 만들어졌습니다.

남은 삶 동안에 청년과 스타트업을 돕는 의미 있는 활동을 할 수 있게 되어서 저에게는 큰 기쁨입니다.

공지 사항

(사)시니어공유경제연구원에서 청소년 진로 상담에 종사하는 선생님들께 이 책을 무료로 지원합니다.

요청사항	독자 여러분의 추천을 기다립니다.
추천 대상	1) 학교 밖 청소년 지원센터 등 관련 시설 종사자 선생님들 2) 가정 밖 청소년 지원센터 등 관련 시설 종사자 선생님들 3) 보육시설에서 청소년을 보육 및 교육하는 선생님들 4) 교정시설에서 청소년을 보육 및 교육하는 선생님들 5) 전국 모든 대학의 취업 상담센터에 종사하는 선생님들
진행 절차	- 1단계 : 독자분들의 추천 (hjw0153@gmail.com) - 2단계 : (사)시니어공유경제연구원에서 확인 - 3단계 : 추천 대상자에게 송부
기타	이 사업은 각 단체당 한 명만 지원할 수 있습니다. 가능한 한 다양한 곳에 혜택이 돌아가도록 기획되었습니다.